Alfred Risop

Studien zur Geschichte der französischen Konjugation auf - ir

Alfred Risop

Studien zur Geschichte der französischen Konjugation auf - ir

ISBN/EAN: 9783743657090

Hergestellt in Europa, USA, Kanada, Australien, Japan

Cover: Foto ©ninafisch / pixelio.de

Weitere Bücher finden Sie auf **www.hansebooks.com**

STUDIEN ZUR GESCHICHTE

DER

FRANZÖSISCHEN KONJUGATION

AUF -IR

VON

ALFRED RISOP

HALLE a. S.
MAX NIEMEYER.
1891.

Verlag von **MAX NIEMEYER** in Halle.

Romanische Bibliothek.

Herausgegeben
von
Dr. Wendelin Foerster,
Professor der Romanischen Philologie an der Univ. Bonn
kl. 8°.

Bisher erschienen:

No. 1. **Kristian von Troyes, Cligés.** Textausgabe mit Einleitung und Glossar. Herausg. von W. Foerster. 1889. ℳ 4,00

No. 2. **Die beiden Bücher der Makkabäer.** Eine altfranzösische Uebersetzung aus dem 13. Jahrhundert. Mit Einleitung, Anmerkungen und Glossar zum ersten Mal herausgegeben von Dr. Ewald Goerlich. 1889. ℳ 4,00

No. 3. **Altprovenzalische Marienklage** des XIII. Jahrhunderts. Nach allen bekannten Handschriften herausgegeben von Dr. Wilhelm Mushacke. 1890. ℳ 3,00

No. 4. **Wistasse le Moine.** altfranzösischer Abenteuerroman des XIII. Jahrhunderts. Nach der einzigen Pariser Handschrift herausgegeben von W. Foerster und Joh. Trost. 1891. ℳ 3,00

No. 5. **Das Adamsspiel.** Anglonormannisches Gedicht des XII. Jahrhunderts mit einem Anhang, die fünfzehn Zeichen des jüngsten Gerichts, herausgegeben von Dr. Karl Grass. 1891. ℳ 4,80

No. 6. **Walter von Arras, Sämtliche Werke.** I. Band: **Ille und Galeron.** Herausg. v. W. Foerster. (Unter der Presse.)

Mo. 7. **Kristian von Troyes, Ivain.** Neue verbesserte Textausgabe mit Einleitung und Glossar. Herausgegeben von Wendelin Foerster. (Unter der Presse.)

STUDIEN ZUR GESCHICHTE

DER

FRANZÖSISCHEN KONJUGATION

AUF -IR

VON

ALFRED RISOP

HALLE A. S.
MAX NIEMEYER.
1891.

Vorbemerkung.

Der erste Teil der hier erscheinenden Studien, welcher von den Schwankungen handelt, denen die Konjugation auf *-ir* hinsichtlich ihres Besitzstandes im Verlaufe der Sprachgeschichte ausgesetzt war, hat den Romanisten in etwas weniger umfangreicher Fassung bereits als Berliner Dissertation (1890) vorgelegen. Im Zusammenhange mit demselben werden nunmehr zwei weitere der Konjugation auf *-ir* gewidmete Abschnitte veröffentlicht, in denen alles das zur Sprache kommt, was ich über die geschichtliche Entwickelung des Futurums sowie über das Wesen und die Verbreitung des Inchoativsuffixes habe feststellen können. Wer sich meines vor mehr als acht Jahren in der Zeitschrift für Romanische Philologie VII S. 45 ff. abgedruckten Aufsatzes: „Die analogische Wirksamkeit in der Entwickelung der französischen Konjugation" erinnert, wird leicht erkennen, dass die daselbst zum Ausdruck gelangte Anschauung vom Wesen moderner Sprachbildung auch den hier veröffentlichten Mitteilungen als leitender Gedanke zu Grunde liegt.

Es ist mir eine freudige Genugthuung, meinem hochverehrten Lehrer Herrn Professor Dr. Adolf Tobler für die vielseitige Förderung meiner Arbeit auch an dieser Stelle meinen herzlichsten Dank wiederholen zu dürfen.

Potsdam, im Oktober 1890.

Alfred Risop.

Inhalt.

Einleitung 1
I. Die centrifugale Gewalt 5
   a) Verluste 5
   b) Neuerwerbungen 21
II. Die centripetale Gewalt 38
   A. Das Futurum 38
      a) Synkope des dem Tone vorangehenden lateinischen i . 38
      b) Eintritt eines sekundären e zwischen Stamm und Endung 53
      c) Eintritt eines sekundären i zwischen Stamm und Endung 73
   B. Die Inchoativflexion 86
      a) Ursachen ihrer Einführung . . . . , . 86
      b) Verbreitung des Inchoativsuffixes 95
         α) Zeitwörter deutschen Ursprunges 95
         β) Zeitwörter lateinischen Ursprunges 100
      c) Auftreten des Inchoativsuffixes ausserhalb der Praesensgruppe 118

Einleitung.

Eine nach zeitlichen und räumlichen Gesichtspunkten getroffene Anordnung des hier zu behandelnden sprachlichen Materiales muss zu der Erkenntnis führen, dass bei der Bildung der nordfranzösischen Konjugationsformen das Bestreben bestimmend mitgewirkt hat, die ohne ein sicheres oder dem vereinfachenden Volkssinne doch nicht sicher erkennbares Prinzip gebauten, in scheinbar ungeordneter Ueppigkeit und Fülle wuchernden Gebilde der vulgärlateinischen oder jüngerer bereits in französischer Zeit liegender Sprachepochen zu einem nach möglichst einfachen Vorstellungen zusammengefügten und mit steter Rücksicht auf eine einheitliche Grundform gegliederten Systeme zu verknüpfen. Die Erörterungen, denen die folgenden Blätter gewidmet sind, betrachten es als ihre Aufgabe, nachzuweisen, in wieweit das nordfranzösische Idiom im Verlaufe seiner historischen Entwickelung geneigt war, sich auf dem Gebiete der Konjugation auf *-ir* in der angegebenen Richtung von dem Ueberlieferten zu entfernen; ihre Absicht ist es, an der Hand des thatsächlich Gegebenen in möglichst pragmatischem Verfahren die treibenden Ursachen der fortschreitenden Bewegung zu kennzeichnen, zu zeigen, mit welchen Mitteln, mit welchem Nachdrucke und mit welchem Erfolge der Drang nach einem spezifisch französischen Ausbau der Konjugation auf *-ir* das sprachliche Leben Nordfrankreichs beherrscht hat und noch beherrscht. Eine nach allen Richtungen hin durchgreifende, in strengem, ununterbrochenem Anschluss an die neuen der Formenbildung zu Grunde liegenden Ideen sich vollziehende Reform des überlieferten Sprachmateriales lässt sich nach Lage der Dinge allerdings nicht erwarten. Freilich verrät das junge französische Idiom die allmälig immer mächtiger werdende Neigung, sich bei der neu zu treffenden Auswahl der Flexionsmittel von der Rücksicht auf Klarheit und Ausdrucksfähigkeit leiten zu lassen, und durch Bevorzugung und Verallgemeinerung betonter Endungen der destructiven Gewalt rein mechanischer Veränderungen zu begegnen, ein Verfahren, welches um so mehr Vorteil versprach, als es dem mit gleicher Kraft arbeitenden Bestreben nach möglichster Intactheit und Einheit des Stammes wirksam entgegenkam. Dabei lässt insbesondere die Geschichte der Konjugation auf -*ir* mit aller Deutlichkeit erkennen, dass es der Sprache darum zu thun war, das in einigen Formen überlieferte *i* der Flexion auch in denjenigen Endungen, in denen es noch nicht erklang, zu Gehör zu bringen. Doch begegnet die Sprache, wie gesagt, auf diesem Wege mancherlei Hindernissen, die teils von aussen kommen, teils aber auch in ihrem eigenen Wesen begründet sind. Zunächst wird das Verhalten der in ihren Anfängen stehenden Sprache nicht selten und oft dauernd durch die Macht der historischen Tradition beeinflusst; sie entschliesst sich zum Festhalten an Bildungen, die ihrer ganzen Natur nach jener Neigung nach Gleichheit nicht entsprechen (vergl. *venir, tenir* u. s. w.). Diese Machtäusserung archaischer Konjugation hat zwar im Verlaufe der Sprachentwicklung an Nachdruck verloren, bekundet aber ihre Wirksamkeit noch in der modernen Schriftsprache in einer nicht geringen, wenn auch festbestimmten Anzahl von Bildungen; auch in den Mundarten hat die Uniformirung keineswegs ihre letzten Ziele erreicht. Es kommt hinzu, dass bei der Feststellung derjenigen Formen, die von einer gewissen Zeit an als allein zulässig für die Schriftsprache gelten sollen, Faktoren thätig waren, die, wie die Grammatiker des 16. und der folgenden Jahrhunderte, zuweilen zwar einer Beseitigung von Unebenheiten durch Angleichung das Wort reden (s. Vaugelas' Verteidigung von *cueillirai*, ed. Chassang II, 259 ff.), andererseits aber doch aus aesthetischen oder durch philologische Kritik erkannten Ursachen sich veranlasst sehen, einer bereits in irgend welchen Schichten der Sprachangehörigen durchgeführten Ausgleichung ursprünglicher Verschiedenheiten grundsätzlich entgegenzutreten und den alten Status von neuem einzuschärfen (s. Henricus Stephanus' Warnung vor *couvri* u. s. w. statt *couvert*, Hypomneses S. 213; Vaugelas' [t. I, S. 369—371] und Th. Corneille's [zu Vaugelas t. I, S. 371—372] Widerstand gegen das analogische *revestissant*). Aber noch andere Umstände verlangen Beachtung. Gelehrte Franzosen der Vergangenheit und der Gegenwart, denen ihre Muttersprache Gegenstand wissenschaftlicher Arbeit ist, verfallen nicht selten in den Fehler, dass sie die Infinitive gewisser Zeitwörter unter einer Form vorführen, deren wirkliches Vorhandensein von ihnen weder durch litterarische noch anders geartete Hinweise erhärtet werden kann, oder doch thatsächlich nicht erhärtet wird. Die Quelle solcher irrtümlichen Aufstellungen ist gewöhnlich unschwer zu entdecken: wenn Godefroy — um nur von diesem zu reden — der Ansicht ist, dass Infinitive wie *empler, englouter, guerper* u. a. der alten Sprache eigen gewesen seien, so ist ohne weiteres klar, dass das Aussehen der zwar lebhaft an die erste Konjugation erinnernden, doch keineswegs mit dieser in irgend welchem Zusammenhange stehenden Formen *emple, guerperai*, oder das Fehlen des Inchoativsuffixes in dem conj. *guerpe* und der 3. p. plur. *guerpent* oder in dem part. *engloutant* den ersten Anstoss zu der hier angerichteten Verwirrung gegeben hat. Derartige auf mangelhafter Sachkenntnis beruhenden Fehlgriffe wären an dieser Stelle ohne Interesse, wenn ihnen in dem wirklichen Leben der Sprache nicht Vorgänge entsprächen, die für eine gleiche auf ähnliche Ursachen zurückzuführende Irreleitung der Vorstellungen Zeugnis ablegen, nur dass das, was dort mit bewusster, individueller Reflexion geschieht, hier als das Ergebnis eines von dem Bewusstsein der Sprachangehörigen unabhängig sich vollziehenden morphologischen Prozesses gedacht werden muss. Die hier gemeinte sofort näher zu beleuchtende formenbildende Thätigkeit ist ihrem Wesen nach natürlich nicht verschieden von der im Anfange angedeuteten Bewegung nach Einheit. Denn wenn für *ouvert* einerseits *ouvri* eintritt, weil eben die Sprache die Gewohnheit hat, von Infinitiven auf *-ir* das part. auf *i* zu bilden, so ist dem gegenüber die Form *ouvré* nicht minder verständlich, da ja die ganze Praesensgruppe: *j'ouvre, ouvrons, ouvrais, ouvrant* das vulgäre Sprachgefühl auf die erste Konjugation hinweist. In der That handelt es sich hier lediglich um eine Machtfrage, um die Frage, welche von beiden Richtungen, die centripetale, die auf Verallgemeinerung des *i* als characteristischen Lautes der Konjugation auf -*ir* hinauslief, oder die centrifugale, die zur Vermischung mit andern Konjugationen führte, mit grösserem Nachdrucke und mit grösserem Erfolge eingeschlagen wurde, und da lehrt denn die Geschichte, dass die erstere sich als die stärkere erwies und ihr, wenigstens in der Schriftsprache, der Sieg zufiel, soweit die Bedeutung desselben nicht durch das Festhalten an archaischen Bildungen eingeschränkt wurde. Doch wurde diese zur Verallgemeinerung des *i* hindrängende Tendenz schon seit früher Zeit durch die Bereitwilligkeit vulgärer Redeweise, der zweiten zersetzenden Richtung zu folgen, zuweilen nicht unbedenklich in der Stetigkeit und Gleichmässigkeit ihrer Bethätigung gehemmt. Die vorliegenden Studien werden sich demnach zunächst mit der Darstellung der durch die centrifugale Gewalt hervorgebrachten Erscheinungen zu beschäftigen haben und zwar wird dieser Abschnitt nur dann dem eigentlichen Wesen des hier Mitzuteilenden gerecht werden können, wenn er sich nicht ausschliesslich auf die Behandlung solcher Vorgänge beschränkt, die Uebertritt von Zeitwörtern auf -*ir* in ihrer Gesamtheit oder an einzelnen Stellen zu einer andern Biegungsart, also eine Einengung des ursprünglichen Gebietes dieser Wortklasse bedeuten. Seine fernere Aufgabe wird es sein, auch diejenigen Fälle in den Kreis der Betrachtung zu ziehen, in denen die umgekehrte Wirkung, d. h. eine Erweiterung des im Beginne sich darbietenden Umfanges der Konjugation auf -*ir* durch Assimilation anders abgebogener Zeitwörter oder einzelner ihrer Bestandteile in gewissen Epochen der Sprachgeschichte erzielt wurde; denn, wie schon angedeutet, die treibende, formenbildende Kraft, welcher derartiger Gewinn zu danken ist, ist durchaus eines Wesens mit derjenigen, deren Arbeit jene Verluste zugeschrieben werden müssen.

I. Die centrifugale Gewalt.

a) Verluste.

Während die Inchoativklasse[1]) der Zeitwörter auf *-ir* bereits im Anfange der französischen Sprachgeschichte das Bild festgefügter Abgeschlossenheit und Regelmässigkeit bietet und, entschlossen an dem in allen Zeitformen zur Alleinherrschaft

[1]) Ihrem Muster folgten die neugebildeten Zeitwörter, soweit sie sich überhaupt zur Konjugation auf *-ir* bekannten. So insbesondere die auf der Grundlage eines Nomens, vorzugsweise eines Adjectivs, geschaffenen. Aus der grossen Zahl derartiger Verba seien hier nur solche erwähnt, die im Neufranz. auf *-er* ausgehen, in älterer Sprache aber auch *-ir* daneben anerkannten. Z. B. *engrossir : engrossi : cecy*, Greban 4068, *engrossit*, eb. 12786, part. *engrossis*, Psaut. Metz. Ms. 9572 S. 427, praes. *engrossist*, Mén. Par. II 237, *engrossir : plaisir*, Anc. Th. II 442, *engrossit*, Jean de Paris S. 120; siehe auch Palsgrave S. 777; *absentir : absentirent*, Stavelot SS. 99, 107; *aveuglir : avoglide : enhadide*, Alexius 87 d, dazu *aweulir = cecutire* aus dem Glossaire von Douay s. Tobler G G A. 1872, S. 896, *aveulisoient*, Phel. Mousk. 12253, *s'aveuli : autresi*, eb. 12256, im Versinnern eb. 12315, *aveulir : ferir*, Cygne 11256, part. *aveulis*, Bast. Buill. 728, *aveulist* (praes.): dist, Barl. Jos. S. 213, 15, part. *aveullis*, H. Cap. S. 157, praes. *aveuglit*, Heptam. ed. Jacob, SS. 40, 100, Palsgrave S. 620; *sechir = siccare : sechirent : faillirent*, Lib. Psalm. Appendix (Franc. Michel) ps. 101, 4; *j'assechi*, Cambr. Ps. 101, 11; Oxf. Ps. 101, 12, *sechist*, *ensechi*, Anglonorm. Adgarlegenden, s. Rolfs, Rom. Forschungen I S. 235; *asseurir : asseurist : guarist*, Test. Jean de Meung, R. Rose ed. 1735 t. III S. 146, v. 1055; *averir : averi*, Perc. 5962, *averiroye*, Cleomades 14554, *adverir : plaisir*, Greban 29069, im Versinnern eb. 34480, part. *averie : deperie*, eb. 9657; *tardir : tardirent*, Amadis liv. V fol. 28v, 43r; *je me retardis = I waxe slowe*, Palsgr. S. 777; *attardist*, Mén. Par. t. II S. 282; *détardir*, Jaub. Gloss. du Centre t. I S. 337 u. a. m. Beachte auch altfranz. *obscurir* neben altfranz. *obscurer : obscurit = caligavit*, Cambr. Ps. 6, 7; *oscurir*, Rose (Méon) 4813. Selbst da, wo in einem etwa vorliegenden lateinischen Muster Verba erster Konjugation gebraucht sind, stehen zuweilen in der franz. Uebersetzung die auf ein vorhandenes Adjectiv gleichen Stammes gegründeten Neubildungen auf *-ir : enaspriz est mis guitruns = exasperatum est guttur meum*, Cambr. Ps. 68, 4; vergl. dazu:

gelangten *i* festzuhalten, einer etwa von andern Konjugationen ausgehenden Beeinflussung, abgesehen von einigen vereinzelten Vorkommnissen (s. u. S. 15—16), unzugänglich blieb, war das Sprachgefühl hinsichtlich der Formenbildung der nicht inchoativen Zeitwörter stets einer gewissen Unsicherheit unterworfen.

enasprissante, Oxf. Ps. 77, 10, *enasprissent*, Job. (Le Roux de Lincy) S. 514; *asprir* = *rendre âpre*, Rob. Garnier (Förster), M. Antoine 500; *s'asprir*, eb. 450; ferner: *les chauses de tes pechiz sunt atenuies* = *extenuate sunt cause peccatorum tuorum*, Dial. Anime XV, 2, *attenuist* = *attenuat*, eb. XXXIV, 18, *atenuid sunt li mien oil* = *attenuati sunt oculi mei*, Cantic. Ezechiae regis, in Cambr. Ps. 8; *attenvir* oder mit unorganischem *r attenvrir* ist noch im 16. Jahrhundert gebräuchlich.

Die in alter Zeit häufiger als heutzutage anzutreffenden, von Zeitwörtern der 2. oder 3. lat. Konjugation hergeleiteten Fremdwörter auf *-ir* scheinen in der Regel ebenfalls inchoativ flektirt worden zu sein. Ausser derartigen bei Godefroy s. vv. beigebrachten Fällen wie: *exercir*, *exhibir*, *exigir*, *transegir*, *discutir*, *recipir*, *perimir*, *inspargir*, *enserir*, *pretendir*, *procedir*, *diruir*, *fruir*, *restituir*, *distribuir*, *aminuir*, *contribuir*, *resistir* u. s. w. verweise ich auf folgende Einzelheiten: *affligir*, Aimé, Ystoire de li Normant (ed. Champollion-Figeac, Paris 1835) S. 230; *comburir*, Frag. Val. B. Chrest. 7, 5; *comborir : morir*, André de Coutances, Herr. Arch. 64, S. 179, v. 303; *discernir : cabir*, Alb. Bes. R. Chrest. 20, 15; *encendir : encendissoient*, Lib. Ps. Append. CXVIII, 154; *consummir per feu*, SS. Bern. S. 9, 22 = *igne consumi*, Migne 42, 3; praes. *consumist*, Ezechiel S. 16; *sternir : sternissent*, Job (Le Roux de Lincy) S. 462, s. Godefroy t. III S. 610; *presumir*, Dial. Grég. 42, 14; *relenquir* oft z. B. J. de Blaiv. 485, praes. *je relenquis*, Otinel 582, *relenquisoient*, Ph. Mousk 3927, part. *relenqui*, Rois 266, Brut 7194; *appetir : Les biens d'aultruy appetissans* .... (Anfang des 16. Jahrh.), Mont. Rothsch. Rec. de Poés. franç. t. XII S. 205 (*appétissant* heute Adjectiv); *cougir* = *cogere:* .... *une Damoiselle* .... *laquelle par les begnins regardz, que de ses riuns yeulx me gettoit, cougist totallement mon cueur faire tribut à vostre souveraine Court* ..., eb. t. X S. 185 (erste Hälfte des 16. Jahrhunderts); selbständig daneben vorkommendes Adjectiv ist: *cogent*, z. B. *cogens argumens*, Vieille S. 266. Wenn das in der Bedeutung von lat. *referre* = *melden* erscheinende Fremdwort *refferir* (15. Jahrhundert), Chron. Loys Bourbon (ed. Chazaud) S. 226, dessen perf. *refférirent* eb. S. 148 steht, ein nichtinchoatives Imperfectum *referoit*, eb. S. 80 zulässt, so mag der Nachbarschaft des häufigen *férir*, *referir* = *ferire* die Verantwortlichkeit dafür zufallen. In dem italienisirenden Französisch der Ystoire de li Normant steht neben dem Infinitiv *concedir*, S. 253 und dem Perf. *concédi(t)*, eb. SS. 104, 113, 155, 234, 250, *concédirent*, S. 147 (vgl. auch *subcédi*, eb. SS. 35, 36, 114), die 3. p. s. praes. ind. *concède*, eb. S. 116, die 3. s. praes. conj. *succède*, eb. S. 92 sowie das part. *concédut*, eb. SS. 99, 153, 250, *concéduc*, eb. S. 228.

In den meisten Fällen wurde dieselbe erzeugt durch die Beschaffenheit eines Teiles der Formen, die, nicht geneigt sich dem für die Mehrzahl der zu der Konjugation auf -*ir* gehörigen Zeitwörter geltenden Kanon anzuschliessen, sich als Ergebnisse streng lautlicher Entwicklung darstellen und so zuweilen den Anschein erwecken, als gehörten sie zu Verben ganz anderer Konjugationen, z. B. *ouvre, aperit = ouvre, operat*. Wo solche Annäherung vorlag, war die Gefahr vorhanden, dass das an einer oder mehreren Stellen des Zeitwortes geschaffene Verhältnis scheinbarer Gleichheit nun auch in Formen übertragen wurde, deren ursprüngliche Structur keinerlei Anlass zur Vermischung mit Fremdem in sich trug. So konnte es geschehen, dass die Infinitive mancher nicht inchoativer Zeitwörter auf -*ir* zu gewissen Zeiten gezwungen wurden, diese Endung zu Gunsten einer andern aufzugeben und somit in eine ganz andere Konjugation überzutreten. Dem meines Wissens zuerst von Burguy I, 354, II, 54 gefassten Gedanken an die Möglichkeit einer Umbildung des Infinitivs im Anschluss an die Beschaffenheit des mit diesem in enger Formenverwandtschaft gefühlten Futurums hat Diez II[3] 238 Anm., trotz des allerdings ganz unhaltbaren Delius'schen Einwurfes, seinen Beifall nicht versagen können, und auch ich glaube, dass derartige Erscheinungen, soweit sie in die Konjugation auf -*ir* gehören, keiner anderweitigen Deutung fähig sein dürften.[1]

---

[1]) Weniger wahrscheinlich ist die Annahme derartiger Abstraktionen aus dem Futurum auf dem Gebiete der übrigen Konjugationen. Schon Diez II[2] 239 Anm. hat gegen Burguy II 34, dem die Ableitung von *maindre* aus *maindrai* unbedenklich scheint, an die in der Quantität des *e* so schwankende Ueberlieferung der lateinischen Verba auf *ēre* und *ĕre* erinnert. Gleichgeartet mit *maindre*, z. T. auch hinsichtlich des Stammvokales, den Burguy a. a. O. dann aus den stammbetonten Formen des Praesens zu erklären geneigt scheint, sind übrigens *ardre* neben *ardoir*, *semondre* neben *semonoir, muevre*, Rutcb. II 216, Auberon 2459 neben *movoir*; auch *recoivre*, P. Meyer, Recueil II 328, 138, Prosaroman von Joseph v. Arimathia (Weidner) S. 17, 146 neben *recevoir*, eb. S. 18, 150; *toldre* neben *toloir, tolir* (*tolleri* s. Pott, Plattlat. und Roman., Kuhns Zeitschr. I 326). Merkwürdig ist der aus einem lat.-franz. Glossar entnommene bei Godefroy V 759 erwähnte Infinitiv *doudre = dolēre*; man erwartet *duedre*, aber auch den stammbetonten Formen dieses Zeitwortes ist zuweilen analogisches *ou* eigen, z. B.: *Pour Dieu, vous doulent point les contes D'ainsi ferir?* Mir. N. D. XIV S. 242, 296. Auch die Geschichte der ersten

Der übrigens noch im 16. Jahrhundert anzutreffende Infinitiv *istre* (: *tistre*, Jean Lemaire de Belges, Le chemin du temple de Minerve S. d. I b) für *issir*, den Delius aus einer bereits von Diez a. a. O. zurückgewiesenen Verlegung des Tones auf

Konjugation kennt gewisse Erscheinungen, die möglicherweise derselben Deutung unterliegen. G. Paris trägt kein Bedenken, in *emerre* Tristan I S. 14 für *emmener* einen durch das fut. *emmerrai* verursachten Irrtum zu erblicken; s. Étude sur l'Accent S. 67. Gleichen Wesens ist *gittre*: *E le roy fis porter le corps Geomagog el gittre en un parfont put* . . ., Hist. de Foulques Fitz Warin, Nouv. franç. S. 22; ferner: *eschivre*, Chardry Petit Plet 25; auf letztere Stelle verweist auch, ohne eine Erklärung zu geben, Rolfs, Rom. Forsch. I S. 232, der den Reim *eschivre*: *sivre* in den anglonorm. Adgarlegenden 33, 73 vorfand. Diese eigentümlichen Bildungen können sehr wohl aus solchen Futuren erster Konjugation geflossen sein, die unorganischen Schwund des lat. *a* entsprechenden vortonigen *e* aufweisen, ein Vorgang, der besonders gern nach *d* oder *t*, aber auch nach *v* eintraf; z. B.: *Que rien nus ne l'en demandra*, Chev. II Esp. 9731; ähnlich H. Bord 5985; Anc. Th. IV 268; *comandrons*, Poème moral 117 c; *amendrai*, Lib. Psalm. Append. CXVIII, 41; *gardroie*, H. Bord 6927; *aidrai*, eb. 6650; *aidrons*, eb. 66; *edrons*, eb. 7859; *Chil perderoit bien ses joiaus Qui les jetroit entre pourciaus*, Barb. Méon I 75, 421—2; *Et n'arretray ne tant ne quant* . . ., Mist. V. Test. 25618; in dem Siebensilber: *Jettra l'eau de sa riuiere*, Pierre Sanxay in Oeuvres de Palissy S. 487; *Il me coutroit la vie* (6 silbig), Bartsch, Franz. Volksl. d. 16. Jahrh. in Zs. f. R. Phil. V, S. 529, 12; *doutroit*, H. Bord. 4869; *portrout*, eb. 5137 u. s. w.; *vus trouvres grant aboivre* als zweites Hemistich eines Alexandriners, R. d'Alix. (Michelant) S. 282, 24; *Des deus blans ors, qui les trovroit*, Guil. Pal. 3943; *A sa dame trouvra retour*, Coucy 5966; *Mercit trov(e)rat sans falle qui mercit requerra*, Poème moral, 105 a; *J'achevrois maintenant la dure destinee*, Mont. Rothschild, Rec. d. Poés. franç. IX 249. Die Denkmäler, in denen die erwähnten Infinitive erster Konjugation auf *re* begegnen, sind sämtlich anglonormannischer Herkunft, und es ist beachtenswert, dass die Futura mit synkopirtem *e* dem Anglonormannen Chardry besonders geläufig sind, s. Bröhan, Die Futurbildung im Altfranz.; Diss. Greifswald 1889, S. 6—8. Indessen lässt andererseits gerade die lokale Seite der Frage auch Suchier's Anschauung, der die in der Vie de Saint Auban stehenden Infinitive *gittre* und *leetre* = *lactare* als Ergebnisse germanischer Betonung betrachtet, wohl berechtigt erscheinen. Es sei übrigens nicht versäumt, zu bemerken, dass auch moderne Mundarten des Kontinents derartige Bildungen kennen; im Glossar zu A. Favraud's Oeuvres en patois poitevin ist der Infinitiv *moutre* = *monter* aufgestellt, in der That findet sich das perf. *montiriant* und das partic. *montut* in Les Noces de Jeanette S. 29. *Montut* erinnert an das part. *alu* = *allé* : *fu*, *perdu*, P. Meyer, Récit de la première croisade, Romania V S. 59.

die erste Silbe erklären wollte, ist nichts als eine Neubildung aus dem regelrechten Futurum *istrai*, indem die Sprache das zwischen *conoistrai, naistrai, paistrai* und *conoistre, naistre, paistre* u. ä. obwaltende Verhältnis als Muster benutzte. Nicht anders sind die folgenden mehr oder weniger häufig auftauchenden Gebilde ihrem Ursprunge nach zu begreifen: *ferre* für *ferir* nach *ferrai: Durement a ferre s'essaient* bei Burg. I S. 336; *assaudre = assaillir: Plussors oueilles seut assaudre La louve, pour paour de faudre*, aus Clef d'amour S. 100, bei Godefroy t. III S. 730; *rassaure = rassaillir* aus Baud. Seb. eb. t. VI S. 610; *tressauldre : autre*, Chr. de Pisan, Long Est. 1938; *faudre = faillir* in obigem Beispiel aus Clef d'amour, und: *autre*, Méon I S. 26, worauf schon Diez E. W. S. 133 verwies. Auch *coudre*, Ly. Ysop, 1053, häufiger *cueldre, queudre = cueillir* gehört hierher. *Boudre, bourre* für *bouillir* belegt Godefroy, ebenso wie *esboudre* für *esbouillir*, s. vv. aus G. Guiart und neueren Mundarten. Auch das ebenfalls von Godefroy t. I S. 603 beigebrachte *baudre* für *baillir* soll hier nicht fehlen. Alle diese unorganischen Gebilde verdanken ihr Dasein den organischen Futurformen: *assaurai, assaudrai, tressaurai, tressaudrai, faudrai, bouldront*, Mén. Par. II 261, *bouldra*, eb. II 263, *bourra*, G. de Coinsy, Herr. Arch. 67, S. 239, v. 149; *baurra*, Gr. Chron. de France, ed. Paris 1837, (Redaction des 14. Jahrh.) I S. 189; *baudray*, Greban 12160; *bauldray*, Villon (Prompsault) 377, 315; *baudrez*, Anc. Théat. I 254.[1]) Die im Munde des Pariser Pöbels, aber auch anderswo lebenden Formen *tiendre = tenir*, Nisard, Étude sur le lang. pop. ou pat. de Paris (1872) S. 234; *teinre*, Jaubert, Gloss. du Centre II SS. 355, 364; *veindre = venir*, eb. II S. 418, *convindre* in *il n'a pas voulu en convindre*, eb. t. I S. 275, die dem Futurum *tiendrai, viendrai* entstammen, scheint die alte Sprache durchaus gemieden zu haben. Auch die Futura von *couvrir, offrir, ouvrir* und *souffrir*, die infolge der Eigenart ihres Stammauslautes eines an die Stelle von

---

[1]) Es scheint mir nicht unannehmbar, diese Futurform auch aus *baillera*, dem Futurum des schon in der alten Sprache häufigen *bailler*, entstanden zu denken und sie den Formen, *donra, menra, parra, tourra = donnera, mènera, parlera, tournera* gleichzusetzen. Beza sagt: .... *baurra pro baillera proprium est Parisiensium vulgo* ..., De franc. ling. recta pronuntiatione, ed. Tobler S. 94.

regelrecht synkopirtem, vortonigem *i* eintretenden *e* vor der
Endung -*rai* nicht entraten konnten, in der alten Sprache dann
aber fast allgemein Metathesis des stammhaften *r* nach dem
r der Endung hin zuliessen, griffen zuweilen störend in das
Sprachbewusstsein ein, indem sie Bildungen wie die folgenden
veranlassten: *coverre*: *terre*, Flor. Floriete 3852 (s. Zeitschr. f.
Oest. Gymn. 1875, S. 542), *couverre* : *terre*, Claris 14896; *descouverre*, Jourd. Blaiv. 1533; *offerre*: *terre*, Claris 2230, 15116 u. ö.,
: *conquerre*, Ruteb. II SS. 86, 96; *ouverre* : *deserre*, Claris 19539;
soufferre : *requerre*, Jourd. Blaiv. 1527, : *terre*, Ruteb. I SS. 84,
97, II S. 96; : *guerre*, eb. I S. 197; : *serre*, eb. I S. 102; *soferre*
: *guerre*, Claris 145, : *terre*, 2397, und im Innern des Verses
eb. 187, 2193. Auch die Prosa schreckt vor dem Gebrauch
solcher Bildungen nicht zurück: *ensi k'il iai ne voillet mies
sofferre ligierement c'um lo tracet a la main*, SS. Bern. 119,
19. Bemerkenswert ist der ebenfalls auf der Grundlage des
Futurums entstanden zu denkende Infinitiv *sofferrir*: *Mes Dex
ne volt sofferrir n'otroier*, Cor. Lo. 1972, dem das Perfectum
sofferistes: *Et mort por nos i sofferistes* bei André de Cout.,
Herr. Arch. 64, S. 185 v. 920 zur Seite tritt. Ob auch der noch
im 16. Jahrh. begegnende Infinitiv *beneïstre* (*Dont bene istre
vos deion*, Guill. le Clerc, Herr. Arch. 62, S. 391. v. 966, *benistre* s. Rab. Pant. liv. IV ch. XXVII) in diesen Zusammenhang
gehört, indem man ihn aus dem etwa durch Einmischung des
Inchoativsuffixes zu erklärenden, im Altfranz. nicht seltenen
Futurum *beneïstrai* herleitet, oder ob man besser daran thut,
in ihm eine unmittelbare Wiedergabe von lat. *benedicere* zu
erkennen (s. Chabaneau, Théorie, S. 65; Förster zu Chev. II
Esp. S. LVIII; Stimming, Lit. Blatt, 1885 Sp. 409; Suchier,
Gröber's Grundriss I S. 615), wage ich nicht zu entscheiden.

Man würde fehlgehen, wenn man lediglich dem Futurum
die Schuld an derartigen sprachlichen Verirrungen beimessen
wollte. Auch andere Formen, die für sich allein betrachtet
die Art der Konjugation nicht erkennen lassen, können mitgewirkt haben. Bemerkt man z. B., dass die häufig gebrauchte
3. sing. praes. ind. von *bouillir* : *bout* zuweilen ihre alte Schreibweise aufgiebt, um die von *coust* = *consuit* (so noch bei
R. Garnier, Porcie 752, Hippolyte 1003), dessen *s* schon frühe
verstummte, anzunehmen, z. B. *il boust*, Remy Belleau, Anc.

Théat. IV 346, R. Garnier, Hippolyte 1073, und dass andererseits regelrechtes *cous, coust = consuis, consuit* sich in *tu couls*, Remy Belleau bei Darmest. Hatzf. XVIe Siècle (1887) 2me partie S. 364, *il coult*, Anc. Théat. II 320 einer älteren graph. Darstellung von *bous, bout* nämlich *bouls, boult* in *tu bouls*, Men. Par. II S. 264, *il boult*, Anc. Théat. II 433 (: *goust = gustus*) anbequemt, so ist ersichtlich, dass auch im Praesens zuweilen der Anstoss zu den gedachten Entartungen gegeben war¹) und der oben erwähnte Infinitiv *boudre* auch als Anbildung an *coudre, résoudre* angesehen werden kann. In dem lateinischem *fugire* für *fugĕre* entsprechenden, altfranz. zweisilbigen *foir, fouir, fuir* ist durch gleiche Ursachen ein ähnlicher Wandel geschaffen worden. Wenn die Annahme (s. z. B. Mussafia, Zur Praesensbildung S. 5), dass die an die 4. lat. Konjugation erinnernden Verhältnisse der Praesensgruppe: *fugio, fugiunt, fugiebam, fugiam, fugiens* auch den Infinitiv *fugere* zu Gunsten von *fugire* verdrängt haben, der Wirklichkeit entspricht, so ist es ein eigentümliches Schauspiel, zu sehen, wie die lautliche Gestaltung eines Teiles derselben Formengruppe auf franz. Gebiet den Infinitiv dieses Zeitwortes veranlasst hat, in die Reihe der auf der 3. lat. Konjugation beruhenden Zeitwörter zurückzutreten. Die zwischen den Praesensformen *fuit = fugit, construit, nuit, luit* bestehende Parallele schuf den neuen Infinitiv *fuire*,²) der bis Ende des 15. Jahrhunderts von guten Schriftstellern gebraucht wurde und seine Spur in heute einsilbigem *fuir* zurückgelassen hat; vergl.: *fuire: destruire,* Rose (Méon) 5572, 16173, 19755, : *luire*, eb. 4812, : *deduire*, Watriquet S. 349, 229, : *conduire*, Jub. Myst. II 180, II 287, *Pour fuire toute vanité*, eb. I 246, *fuyre: nuyre*, Gring. II 136,

¹) Innerhalb des Bereiches der Konjugation auf -*er* begegnet derartiges sehr selten; *nier = negare* artet einmal aus zu *neoir: Dame, je nel vos doi neoir* (: *seoir*), *A vos sui venuz en desduit*, Mont. Fabl. t. IV S. 147. Man darf unbedenklich annehmen, dass die an die Verhältnisse von *veoir* erinnernden sekundären Formen *je noi, il noient, que je noie*, auch gelegentlich anzutreffendes *neoye* (s. *neé, neá* bei Godefroy t. V. S. 514, *neé = negat : bée*, Ysopet I XXXIV, ed. Robert I 252; *neayent = necabant*, Oliv. d. l. Marche, Mém. ed. H. Beaune et J. d'Arbaumont, Paris 1885, t. II S. 321; *preer = precari*, Rom. X S. 532, 65) die genannte Infinitivbildung gerechtfertigt erscheinen liessen.

²) Förster scheint denselben vom lat. *fŭgere* herleiten zu wollen; s. Chev. II Esp. S. LIX.

II 119 und sehr oft sonst. Wie stark in späterer Zeit bei der Beurteilung der Silbenzahl von *fuir* seitens französischer Sprachangehöriger an die Verba auf *-uire* gedacht wurde, bekundet eine Anmerkung Patru's zu Vaugelas (ed. Chassang) t. II S. 178, in der im Gegensatz zu der Auffassung des letzteren die einsilbige Geltung von *fuir* mit folgenden Worten betont wird: *En ce verbe comme presque en tous les autres l'U et l'I et l'Y ne font qu'une syllabe, quand ils se suivent, comme je suis du verbe estre, et du verbe suivre, et je cuis: Qui a jamais prononcé cuire et nuire de trois syllabes, cuis, nuis et autres?*

Es ist auch nicht vonnöten, bei der Erklärung von altfranz. *muire* (Barb. Méon. t. III 333, 240: *nuire*; eb. t. IV, 263, 265 und Rutebeuf II S. 47: *muire = moriatur*) und *ruire* (s. Littré s. v. *rugir*) mit Waldner, Herr. Arch. Bd. 78, S. 434 zu den nicht vorhandenen latein. Infinitiven *mūgere* und *rūgere* Zuflucht zu nehmen. Hält man an der landläufigen Ableitung von *mūgire* und *rūgire* fest, so ist ohne weiteres klar, dass den Formen *muire* und *ruire* ein *mu-ir* und *ro-ir* vorangegangen sein muss: *muir* belegt Godefroy V 445 leider aus ziemlich später Zeit; von *roïr* oder *ruïr* konnte ich keine Spur entdecken. Auch hier werden die im Altfranzösischen zu belegenden Formen *muit, muyans; ruit, ruient, ruianz* für die Umbildung des Infinitivs verantwortlich zu machen sein. Hier schliest sich *bruire*, falls es wirklich mit lat. *rugire* zusammenhängt, eng an; das Weichen der Infinitivform *broïr, brouir*, die Behrens Zeitschr. f. Neufranz. Spr. u. Litt., t. V S. 72—73 nachweist, oder *bruïr*, deren Vorkommen Tobler, Versbau S. 78 bestätigt (s. Schelers Beispiel aus Froiss. Anm. zu Bast. Buill. S. 308—9), kann durch das oft vorkommende Praesens *bruit, bruient* u. s. w. veranlasst worden sein. Immerhin ist es denkbar, dass *bruïr* ein sekundäres Erzeugnis des Dualismus ist, der in *fuire* und *fuïr* vorlag und leicht auch Zeitwörter von ähnlicher Lautgestalt ergreifen konnte. Nur durch einen derartigen Vorgang wüsste ich den Infinitiv *puire* für *puïr = putēre : luire*, Watriquet 153, 463 (und Schelers Anm. S. 456) zu deuten[1]); denn die alte Gestaltung der Praesensformen *put*

---

[1]) Aehnlich mag das bei Godefroy aus dem Chat. Coucy 6330 beigebrachte *desvestoir* (: *veoir*) für *desvestir* dem Nebeneinander von *cremir*

= *putet* : *s'apercut* Renart 5839, ... *put et flaire*, Eust. Deschamps II 17 und Jubinal, Nouv. Rec. I S. 325, *put,* 3 Wunder Gautiers I 718 in Zeitschr. f. R. Phil. VI S. 325 ffl., Rab. Pant. liv. II ch. VI, conj. praes. *pue,* Bes. Dieu 1370: *issue, puoit* Eust. Deschamps I 74 gab keinen Anlass zur Vermischung mit den Verben auf -*uire.* Nicht zu umgehen ist hier ferner eine Besprechung von *circuir* = lat. *circuire* neben *circumire.* Die im Französischen zu erwartende Zweisilbigkeit des *ui* in diesem erst ziemlich spät auftretenden Lehnworte ist thatsächlich nachweisbar; denn eine solche ist nicht blos zu vermuten in dem part. *circuy*: *il est circuy de mer,* Amadis liv. V (a. 1550) f° 1ᵛ, *il a circuy le monde,* eb. liv. VIII (a. 1548) f° XXVIIʳ, ... *un esglantier vert qui estoit moult proprement circuy de petis arbrisseaulx* . . . . ., Montaiglon et Rothschild, Recueil de Poës. fr. t. XII S. 268 (um 1500), sondern ist auch deutlich erkennbar in: *Il a circonvolu grant erre Et circu|y toute la terre,* Greban 20150. Diese Getrenntheit der beiden Elemente *u* und *i* (*y*) wurde gegen Beeinträchtigung besonders durch den Umstand geschützt, dass das Zeitwort sich ebenso wie die andern Komposita vom lateinischen *ire* (ausser *issir*) der Inchoativflexion anschloss. Immerhin drohte der zweisilbigen Geltung des *ui* die enge Nachbarschaft beider Vokale gefährlich zu werden, und zwar insbesondere in den Singularformen des Praesens: *je circuis, tu circuis, il circuit* (*il circuyt,* Jean Le Maire de Belges, Illust. Gaule liv. I ch. XXVII), Imper. *circuis,* in denen das Inchoativsuffix als solches nicht scharf

und *cremoir, tenir* und vereinzeltem *tenoir* (: *paroir,* R. d'Alix. 326, 12; : *trois* R. Cambr. Seite 226), *manir* und häufigerem *manoir, veïr, seïr* und *veoir, seoir* u. a. zu danken sein. Uebrigens soll hier bemerkt werden, dass auch das in eine ganz andere Kategorie gehörige Zeitwort *savoir,* jedenfalls verführt durch *croire, boire,* gelegentlich unter der Form *scavoire* auftritt, z. B. *Nuls nen puet encores scavoire Le quieux doit avoir la vittoire,* Ysopet I XLV (Robert I 110); auch ein unpaginirter alter Druck der Mélusine des Johan d'Arras (s. Königl. Bibl. Berlin) hat einmal *il est besoin de le scavoire* (S. 62) vielleicht durch die Schuld des Setzers. Ob auch *avoire* in *Je fuy jadis, a dire voire En grant honour et riche d'avoire,* Stavelot S. 387 mit Recht in diesem Zusammenhange zu nennen ist, wird zweifelhaft, nicht nur weil leicht zu ändern ist, sondern noch viel mehr wegen der diesem Denkmal eigentümlichen Verwendung des tonlosen *e* im Auslaute von Wörtern, die ein solches sonst nicht aufzuweisen pflegen.

genug hervortrat. Auch der Infinitiv *circuir*, sowie das part. *circui* konnten durch die Nähe von *bruire*, *fuir(e)*, *nuire*, *luire* leicht bewogen werden, Synärese des *ui* eintreten zu lassen; der Fortschritt zu der bei Palsgrave S. 485 u. S. 495 stehenden Infinitivform *circuire* oder dem eb. aufgestellten part. *circuit*,[1]) welches ich auch finde in: .... *le cuir de cerf à* (sic!) *circuit de rond environ deux lieues*, in dem erwähnten unpaginierten Drucke der Mélusine des Jean d'Arras (S. 20), sowie die von Littré, Godefroy s. v. *circuir* belegten auch bei Palsgrave a. a. O. sich findenden Praesensformen *circuyons*, *que je circuye*, *circuyant* lassen mit aller Deutlichkeit den von den Zeitwörtern auf -*uire* ausgehenden Einfluss erkennen; vorzugsweise scheinen *fuir* und *bruire* als Muster gedient zu haben, da *conduire*, *destruire* zu der Zeit, als *circuir* gebräuchlich war, in den Praesensformen längst mit dem aus *luisons*, *nuisons*, *cuisons* oder aus ihrem eignen Perfectum entnommenen analogischen *s* (s. Zeitschr. f. Rom. Phil. t. VII S. 52) versehen waren; höchstens in der erstarrten Verbindung: *or le conduye Dieu* begegnet man im 16. Jahrhundert noch der lautgesetzlichen Bildung, z. B. Amadis liv. VIII f° 16ʳ, f° 27ᵛ. Immerhin deutet das Particip *circuit* auf Anbildung an *conduit*, *destruit*[2]) u. s. w.

Der mit vorstehenden Erörterungen betretene Weg führt vielleicht auch zu einem Verständnis des zwischen altfranzösisch *grondir* = *grundire* und daneben vorkommendem *grondre*: *semondre*, Renart 14403, : *repondre*, Mont. Fabl. IV 65, : *respondre*, Claris 16738, oder *groindre* : *repondre*, Renart 12500, *groindre* und *esgroindre*, Serm. Poit. S. 120, obwaltenden Verhältnisses. Wenigstens scheint mir die Annahme unbedenklich, dass die Sprache aus den in alter Zeit anzutreffenden nicht inchoativen Praesensformen *il gront*, *qu'il gronde*, welche stark an die entsprechenden Formen von *tondre*, *fondre*, *respondre* und dergl.

---

[1]) Auch das ursprünglich dreisilbige Substantiv *circuit* (s. altfranz. *circu*ı*te* bei Tobler, Versbau S. 72) begegnet bereits im 15. Jahrh. mit zweisilbiger Geltung: *Lors s'assemblerent en circuit Les prestres* ..... (anno 1469), Mont. Rothschild, Rec. d. Poés. fr. XII 409.

[2]) Vergl. das part. *destruy* in: *vous l'avez destruy* (erste Hälfte des 16. Jahrh.), Mont. Rothschild, Rec. d. Poés. fr. t. X, S. 333; über *nui* und *lui* für *nuit* (so als Druckfehler bei Jonckbloet, Examen crit. d. Chans. d. Geste d. Guill. d'Or. t. II S. 222), *luit*, Psaut. Metz. SS. 217, 18; 272, 4; Palsgr. S. 703, vergl. Zeitschr. f. R. Phil. t. VII S. 55.

erinnerten, die Berechtigung herleitete, auch den Infinitiv *grondir* den letztgenannten Zeitwörtern anzubilden, zumal auch das perf. *grondi* mit *respondi, tondi, fondi* in bestem Einvernehmen stand. Auch der sehr seltene Infinitiv *resplendre*, für gewöhnliches *resplendir*, Berner Liederhs. CCLVII, Herr. Arch. Bd. 42 S. 358: *prendre* verdankt sein Dasein dem Nebeneinander von nicht inchoativem *il resplent, resplendent* u. s. w. mit *tent, tendent; rent, rendent; fent, fendent*, sowie von: *il rendi, tendi, fendi* mit *resplendi*. Auch das im Altfranz. zuweilen begegnende *engloutre*[1]) für *engloutir*, so z. B. Hiob 360, 19; Watriquet 385, 139, erklärt sich aus dem Praesens *englout, engloutoie* u. s. w. und dem Perfectum *englouti*, Formen, die der Konjugation von *foutre = futuere* entsprachen. Uebrigens wird ausschliesslich das Perfectum für die Umgestaltung des Infinitivs verantwortlich zu machen sein da, wo die Praesensgruppe infolge ausnahmslos eingetretener Inchoativbildung eine für das Perfektum immerhin bestehen bleibende Annäherung an die Konjugation auf *re* vermissen lässt. Dies ist der Fall in dem von Godefroy I S. 362 aus dem Jahre 1429 belegten *aprofondre = aprofondir*. Sollte es nicht gelingen, für das vom schnellen, stürmischen Lauf der Rosse gebrauchte *rendir, randir* (z. B. Chev. II Esp. 5589; Atre pér. Herr. Arch. Bd. 42 S. 191, 459) nichtinchoative Formen des Praesens nachzuweisen, so reicht meines Erachtens das an *espandi, fendi, vendi* u. s. w. anklingende Perfektum *rendi, randi* für die Erklärung der in gleicher Verbindung zu findenden Infinitivform *randre, rendre* vollkommen aus. Vergleiche: *Tant cum chevaus lor porent rendre*, Chr. Ducs Norm. 36223: *atendre; Mais de quanques chevaus puet rendre : mesprendre*, Rich. Biaus 1161; *Tant com cevax rendre le* (sic!) *puet*, Atre pér. a. a. O. S. 192, 469; *Tant com chevax rendre li pot*, Claris 2060; *Quanque cheval lor pueent rendre : destendre*, Guil. Pal. 5716; ähnlich eb. 6182; *Et vos vanroiz si tost com chevax porra randre : descendre, vandre* u. s. w., Chans. d. Saxons t. I S. 107, falls es nicht geratener ist, *rendre* an den angeführten Stellen, sowie in: *Tant com cheval li rent, est chele part courus*,

---

[1]) Die den Fundort enthaltende Notiz ist mir leider verloren gegangen. Die beiden oben angeführten Stellen verdanke ich Herrn Prof. Tobler's gütiger Mitteilung.

Doon de May. 123, wie mir durch Herrn Professor Tobler
gütigst nahegelegt wurde, in der Bedeutung „*von sich geben
(an Leistung)*" aufzufassen.

Ein so begreiflicher Vorgang es von vornherein sein mag,
wenn Zeitwörter auf *-ir*, mochten sie nun der reinen oder der
gemischten Konjugation angehören, verlockt durch die scheinbare Gleichheit der Perfect- und Futurbildung, ihren Infinitiv
sowie ihr part. pass. nach dem Muster der Verba auf radikales
i + re umzubilden trachten, um so begreiflicher, als umgekehrt
diese letztere Gattung von Zeitwörtern aus denselben Ursachen
sich bisweilen zu einem partiellen Uebertritt zur Konjugation auf
-ir bewegen liess, so beschränkt sich der hier gemeinte Wandel
doch nur auf eine geringe Anzahl von Fällen. So begegnet
emplire für *emplir*. Der wegen der Unmöglichkeit, seine leeren
Wasserschläuche von neuem zu füllen, bekümmerte Joseph
klagt: *Car nostre affaire s'en empire, Ne les savons de quoy
emplire*, Gautier de Coinsy, Herr. Arch. Bd. 67, S. 255, 1565—6[1]).
Daneben das part. fém. *emplite*: *Lors fu la prophetie emplite,
Qu'Abacuc avoit devant dite*, eb. S. 250, 1115—16; oder: *Et la
promesse est hui emplite, Si com il eut promise et dite*, ebenda
S. 251, 1161—62. Den Infinitiv *afeblire* wagt einmal der gewiss aus Frankreich gebürtige Schreiber der Hs. E (Ms. fr. B.
N. 1491) des Roman de Florimont, f⁰ 66 b: *Sun pou les poons
afeblire Molt les v'rez tost desconfire*, wo F (Ms. fr. B. N. 15101)
f⁰ 91 c sowie mit geringfügigen Abweichungen von einander
die übrigen Handschriften: *Se les poiens un poc aflire: descomfire* schreiben. Unter dem Einflusse von *dire* scheint zu
stehen das part. *laidite* in: *Vo marrastre vous a et batue et
laidite: desconfite, despite, merite* u. s. w., Berte 1341. Sehr

---

[1]) Die lateinische Vorlage, deren Vergleichung mir nützlich erschien, fasst die ganze Rede des Joseph von 1560—68 in die wenigen
Worte zusammen: *Ego magis de aquae penuria cogito, quae nobis jam
deficit in utribus, et non habemus unde nos et iumenta refocillare valeamus*. Dann folgt: *Tunc infantulus laeto vultu in sinu matris* . . . . . .
(= v. 1569 ffl.), s. Tischendorf, Evang. apocrypha S. 83; sodass also unser
emplire nicht ein a priori im lateinischen Texte zu vermutendes *implere*
wiedergiebt. Anders verhält es sich mit den beiden folgenden Stellen.
Der Wortlaut ist hier für v. 1115—16: *Tunc impletum est quod dictum
est per Abacuc dicentem* . . . ., Evang. apocr. S. 77, und für v. 1161—62:
Et implevit dominus promissionem suam, Evang. apocr. S. 78.

vielsagend ist die Schreibung *remplicte* : *dicte*, Eust. Deschamps bei Godefroy, t. VI S. 513 s. v. *quetacion* (l. *quietacion*). Ferner *harditement* bei J. de Baisieux; s. Scheler, Trouv. belges I S. 330. In Berry erklingt: *finit, finite*, Jaubert, Gloss. du Centre I S. 487; *enroui* (sic!), *enrouite*, eb. I S. 395. Der Vollständigkeit halber verweise ich auf Förster's Bemerkung in der Zs. f. d. Oest. Gymn. 1875 S. 542, wo die neufranzösischen Substantiva *guérite* und *réussite* mit dem bekannten altfranz. Participium *mute* (s. auch Tobler, Jahrb. 1867, S. 339) verglichen werden, sowie auf desselben Forschers Auslassungen über den gleichen Gegenstand in der Zs. f. Nfranz. Spr. u. Litt. Band I S. 89, wo *guérite, réussite* als Anbildungen an *suite* (= *sékvita*), *muete* (= *móvita*), *élite* (= *electa*), *fuite* (= *fúgita*) erklärt werden. Besonders lehrreich ist in diesem Zusammenhange ein Blick auf die Gestaltung, welche das Zeitwort *asseoir* in modernen Mundarten und vielleicht schon in alter Zeit erfahren hat. Berücksichtigt man nämlich die aus altfranzösischen Denkmälern bekannten Infinitive *seïr* für *seoir* : *venir*, Bast. Buill. 502, *asseïr*, oder mit Synkope des vortonigen *e* : *sir*, Mätzner, Altfr. Lied. 237, 34, 35, *assir*, Bast. Buill. 1287, 1451, so wird kaum ein Zweifel obwalten können, dass der Inf. *assire*, der vielleicht bei Godefroy t. I S. 446 in zwei wegen ihrer kurzen Fassung unklaren Beispielen aus der ersten Hälfte des 13. und dem Anfange des 15. Jahrhunderts vorliegt, dann aber namentlich neueren Dialekten eignet, so z. B. Nisard, Étude sur le lang. pop. ou pat. de Paris . . . . . S. 237, und im Neupoitevinischen bei Favraud, Œuvres en pat. poit. Stück I, S. 18, lediglich eine Weiterentwickelung im Anschlusse an die Konjugation der Zeitwörter auf radik. *i + re* bedeutet. Bemerkenswert ist ferner, dass nicht blos das part. pass. *assit*, Favraud, a. a. O. Stück I, S. 21, La Merlusine S. 2, fem. *assite*: *ine boune femme . . . qui était assite sur le basseil de sa porte*, eb. Stück I, S. 16 sich dem ausgeübten Zwange gefügt hat, sondern dass auch Praesensformen seit alter Zeit nachweisbar sind, die als Ergebnisse der gleichen Beeinflussung aufzufassen sein dürften; z. B. *sisent* für *sieent*, *assisent* für *assieent*: *Les chauces sont d'un paile chier, Qui bien sisent a chevalier. Puis li vestent un siglaton*, Guill. Pal. 7930; *Au col li metent un mantel Qui mult li sist et bel et gent*, eb. 7945; *Il levent* (von *laver*), *si s'asisent tuit*, Amad. Yd. 3229; *As senescaus a commandé Que mult soit hastés li mangiers, Que si tost con li chevaliers Venra, qu'assissent* (*ss* = *s*, beachte *maisson*) *au mangier, Et facent lor maisson joncier*, Veng. Rag. 1776—80. Auch Th. Corneille kennt die Biegung des Praesens: *assis, assis, assit, assisons, assisez, assisent*, und den conj. praes. *assisons*, und erklärt derartige Gebilde für gut und dem Reimbedürfnisse entgegenkommend, wenn auch nicht für gleichwertig mit der regelrechten Formation, s. zu Vaugelas, der sie verwirft, ed. Chassang I 272 ffl., 274. Man vergleiche übrigens den Plural des Imperativs: *siessés*, Mist. V. Test. 18361, *siessez*, eb. 21962, denn in den vorangehenden Sprachperioden scheint nur der hier nicht des Nachweises bedürftige sing. conj. praes. *siece* (oder in der Schreibung *siesse* : *piece*, Mir. N. D. X. S. 70, v. 307) gebräuchlich gewesen zu sein. Noch in unserem Jahrhundert sagt man in Berry: *qu'il siese* nach Jaubert, Gloss. du Centre t. II S. 318. Wenn an Stelle des dem Alt- und Neupoitevinischen eigenen Futurums *assirunt* (s. Boucherie, Le dial. poit. au XIIIe siècle S. 379) *assiseront* erscheint bei Oliv. d. l. Marche, Mém. t. IV S. 181, so verhält sich diese Form zu dem Praesens *assisons*, wie das weiter unten näher zu betrachtende Futurum *asseyerai* zu *asseyons*.

In einer anderen Gruppe nicht inchoativer Zeitwörter auf *-ir* lagen die Verhältnisse derartig, dass an gewissen Stellen Berührungspunkte mit der ersten Konjugation gegeben waren. Da nämlich, wo der Stamm auf muta cum liquida auslautet, war in den nicht mit vokalisch anlautender betonter Endung versehenen Formen die Notwendigkeit der Setzung eines stützenden *e* gegeben, also im Praesens und Futurum der Verba *couvrir, offrir, ouvrir, souffrir* : *couvre, offre, ouvre, souffre; couvrerai, offrerai, ouvrerai, soufferai* (altfranz. meist mit Metathesis des *r*). Die Behauptung der landläufigen Schulgrammatiken, dass diese Zeitwörter im Praesens der ersten Konjugation. folgen, bedarf an dieser Stelle nicht der Widerlegung. Die Verzeihlichkeit dieses auf Unkenntnis der Lautlehre beruhenden, zuweilen vielleicht auch aus Rücksichten pädagogischer Art absichtlich begangenen Irrtums leuchtet sofort ein, wenn man bemerkt, wie selbst französische Sprachangehörige sich vom falschen Scheine verlocken liessen, im Anschluss an die falsch

verstandene Gestaltung des Praesens eine Umbildung der zur
Perfektgruppe gehörenden Formen vorzunehmen. So steht *je
couvray* = *couvris* bei Palissy (ed. Faujas de Saint Fond et
Gobet, Paris 1877, nach den „Exemplaires de la Bibliothèque
du Roi" 1557, 1563, 1569, 1580) SS. 18, 19, 20, 24 u. s. w.;
il descouvra (nach 1530) Mont. Rothschild, Rec. d. Poés. fr. t.
XI S. 237, *je decouvray* (1615), Éd. Fournier, Variétés hist. et
litt. (Bibl. Elzev.) t. VII S. 75, *il se descouvra* (1622), eb. t. I
S. 109; *ouvrassent* = *ouvrissent*, Mén. Reims. Ms. C. S. 192,
373; *ouvrerent* und *il ouvra* (*la porte*) in den „Cent nouvelles"
erklärt Patru zu Vaugelas II 261 in direktem Zusammenhange
mit *j'ouvre*, welches ihm gebildet scheint „*comme si l'infinitif
étoit en er*". Das von Jaubert, Gloss. du Centre t. II S. 586
gemeldete part. *ovré* für *ouvert* findet sich wieder in einem
aus Bujeaud, Chants et chans. pop. des provinces de l'ouest,
Niort 1865 von Wilh. Scheffler, Die französische Volksdichtung
und Sage, Leipzig 1884, S. 180 abgedruckten Hochzeitsliede;
auf die Aufforderung der Hochzeitsgäste: *Ouvrez la porte, ouvrez,
Nouvelle mariee!* entgegnen die Brautjungfern: *Frappez trois
petits coups, Ell' vous sera ouvree.* Ueber *ouvreur* s. Darmst.
Hatzf. Dict. Introd. S. XII.

Aehnliche Missbildungen innerhalb des Formenbereiches
von *offrir* und *souffrir* sind mir nicht bekannt geworden, und
dies ist gewiss kein Zufall. Denn es liegt nahe, zu vermuten,
dass der Uebertritt von *ouvrir* zur ersten Konjugation begünstigt wurde durch die Nähe von *ouvrer* = *operare*, mit dem es
von Anfang an in einer Anzahl von Formen zusammenfiel.
Solche Deutung gewinnt an Wahrscheinlichkeit durch die
Wahrnehmung, dass *recouvrer* = *recuperare* sich eine Umbildung nach dem Vorbilde von *recouvrir* in denjenigen Formen, in
denen es mit diesem Zeitwort noch nicht übereinstimmte, eine
Weile lang gefallen lassen musste. Nach der von der Gram.
d. Grammaires, 19. Auflage, Paris 1867 und von Littré s. v.
noch für notwendig erachteten Einschärfung des wahren Sachverhaltes zu urteilen, scheint noch heute zuweilen das Particip
recouvert für *recouvré* zu erklingen. Thatsache ist, dass, wie
aus Vaugelas I S. 69 ff. hervorgeht, diese Missbildung in der
Sprache seiner Zeit allgemein gebräuchlich war. Was indessen das Alter der Erscheinung betrifft, so ist desselben

Grammatikers Behauptung, dass die Verwirrung erst nach Amyot (1513—1593) eingetreten sei, bereits durch Patru's (zu Vaugelas a. a. O.) zum Teil etwas unsichere Beispiele als hinfällig erwiesen worden. Zuverlässiger dürften folgende Stellen sein: *j'ordonne que elle (la ville) ne soit jamais recouverte*, Mén. Reims Ms. C. S. 86, 165; *le duc de Bourbon avoit recouvert son chastel*, Chron. de Loys de Bourb. ed. Chazaud S. 83 (15. Jahrh.);
.... *ils avoient trouve et recouvert seigneur plein de si grand proësse* .... in dem unpaginierten alten Drucke der Mélusine (S. 76). Einmal bei Jean Le Maire de Belge: ...... *la terre sainte recouverte*, in La secunde partie de la difference des scismes et des concilles de leglise, c. III d; *Sachez que plus ne sera recouverte Celle dame que la terre a couverte* in einem auf den Tod der Anne de Bretagne gedichteten Epitaph des André de la Vigne, (1514), Mont. Rothschild, Recueil de Poés. fr. t. XII S. 117. Vergl. ferner Heptaméron, ed. Jacob S. 46; Rab. Garg. liv. I ch. XXXIX; Rab. Pant. liv. II ch. XVII; eb. liv. III ch. XXIV; liv. III ch. XXXIV; liv. IV ch. III und öfter; Amadis liv. V fo. 20ʳ, 24ʳ; Palissy SS. 91, 92; und wie Littré's Beispiele zeigen, scheute sogar Malherbe der „*tyran des mots et des syllabes*" vor der Anwendung solcher Formen nicht zurück; siehe noch Éd. Fournier, Var. hist. litt. t. IV S. 308 (Ende des 16. Jahrh.). Vaugelas und Patru (zu Vaugelas a. a. O.)[1]) gegenüber drang Thom. Corneille auf den Gebrauch von *recouvré* seitens derjenigen „*qui veulent parler correctement*", und fand darin die Zustimmung der Académie Française, die in ihren Observations .... sur les Remarques de M. de Vaugelas (1704—1705) *recouvert* nur in dem Sprichwort: *pour un perdu, deux recouverts* durch das Herkommen für gerechtfertigt hält, den juristischen Ausdruck: *des pièces nouvellement recouvertes* indessen als unsaubere und nachlässige Sprechweise verwirft. Weniger häufig begegnet der Infinitiv *recouvrir* und Vaugelas scheint Recht zu behalten, wenn er diese von vielen Leuten zwar angewandte Form für eine nach *recouvert* geschaffene, doch noch nicht allgemein anerkannte Neubildung erklärt. Ausser einigen älteren von Patru (zu Vaugelas I 70), der den Gebrauch von *recouvrer* und *recouvrir* in das Belieben des Einzelnen stellt, angeführten Beispielen sind folgende

---

[1]) s. auch Vaugelas I S. 421—24.

weitere zu meiner Kenntnis gelangt: *Aultre menger je ne puis recouvrir, : nourrir*, Mont. Rothschild, Rec. d. Poés. t. X S. 67; .... *s'ilz la (la nymphe ravie) vouloient recouvrir, il failloit jouer des cousteaux....*, Rab. Sciom. Oeuvres de Rabelais ed. Barré S. 596; *le meilleur vin qui se peust recouvrir n'y fust point espargné* (1627), Fournier, Var. hist. litt. t. VII S. 31. Uebrigens hat sich die Verwirrung auch auf das perf. ausgedehnt: nach Thomas Corneille (zu Vangelas I 71) gab es Frauen „*qui ont l'oreille blessée, quand elles entendent dire, il recouvra sa santé. Elles voudroient que l'on dit, il recouvrit sa santé*", eine Ausdrucksweise, die Th. Corneille mit den Worten „*ce qui seroit une grande faute*" verurteilt.

b) Neuerwerbungen.

Es ist klar, dass durch die in Vorstehendem erörterten Entartungen für die Konjugation auf -*ir*, und zumeist für die reine, ernste Gefahren entstanden, insofern dadurch die Zahl der ihr rechtmässig angehörigen Zeitwörter an Umfang verlor. Indessen lehrt das Geschick von *recouvrer* sowie ein weiterer Blick in die Geschichte der Sprache, dass dieselben Ursachen, denen jene Verluste zugeschrieben werden müssen, auf der andern Seite zu einer eigenartigen Bereicherung der in ihrem Bestande bedrohten Wortklasse Veranlassung gegeben haben. Wenn das Volkslatein[1]) sich verleiten lässt, *conterere* durch *contrire* (s. Ph. Thielmann, Archiv für Lat. Lex. t. III S. 542); *prosternere* durch *prostrare* (ders., Arch. f. Lat. Lex. t. II S. 62—63); *irasci* durch *irari* (ders., eb. t. III S. 542) zu ersetzen, so hat dafür die an die erste, resp. vierte lateinische Konjugation gemahnende Beschaffenheit der entsprechenden Perfekta resp. Supina allein die Verantwortung zu tragen. Infolge der gleichen, durch die Struktur der Perfektgruppe veranlassten Irreführung der Vorstellungen hat die ältere französische Sprache einige merkwürdige Neuerwerbungen auf dem Gebiete der Konjugation auf -*ir* zu verzeichnen.[2]) So können *rompir*

---

[1]) s. auch W. Meyer, Gröbers Grundriss, I S. 366.
[2]) Zu dem auf der Grundlage des lateinischen Perfektums *evanuit* entstandenen französischen Zeitwortes *esvanouir* vergl. Tobler, Jahrb. II 103, Suchier, Gröbers Grundriss I S. 657. Auch *genuit* wurde, wie schon Tobler a. a. O. bemerkt, als Ausgangspunkt für neue der Konjugation auf

s. *entrerumpir*, Homiliae fragm. in Dial. Greg. S. 371, 22; *ronpir: croissir* u. s. w., Mort. Garin. S. 247;[1]) *rompir* Stavelot S. 304; *convainquir* Greban 20682, oder *vainquir* bei Oresme nach Littré s. v. *vaincre*, falls sie nicht unter die oben S. 6 Anm. aufgeführten Fremdwörter zu rechnen sind, an die Perfekta *rompi* und *vainqui* angebildet sein; auch das fut. *ocisirai* weist auf dieselbe Quelle, s. Gaydon S. 186, nur dass hier natürlich die schwachen Perfectformen zu Grunde zu legen sind. Ein Infinitif *rauiskir = wieder aufleben* ist zu erschliessen aus folgender Stelle: *flors de cui odor li mort rauiskissent*, SS. Bern. (Förster) S. 9, 40 = *flos ad cujus odorem reviviscunt mortui*, Migne S. 42, 4; oder nichtinchoatives *raviscons*, Ezech. S. 57; *ueskiuet* SS. Bern. S. 114, 25, eine Neubildung, die im Wallonischen des 15. Jahrhunderts Neigung zur ersten Konjugation überzutreten zeigt, s. Zeitschr. f. Rom. Phil. t. VII S. 54. Das perf. *beneesqui* (wie *vesqui* gebildet s. *benesquid*, Rois SS. 140, 230, *benesquirent*, Marie de France (Roquefort) t. II S. 475, 1651 u. s. w.) führte den Infinitiv *bene(e)squir* herbei, z. B. Joies de Notre Dame, Zeitschr. f. Rom. Phil. III S. 216, v. 450 und das part. *benescuz*, Marie de France, t. II S. 430, 468. Im Anschluss an das perf. *nasqui* entstand nicht blos das part. *nasquis*, H. Bord., S. 26, Bat. d'Alesch. 2887, Gar. Loh. II 171, oder häufiger *nascu, nascue*, SS. Bern. 53, 25, sondern auch der noch von Petrus Ramus (Livet S. 228) gestattete Infinitiv *nasquir*, das Futurum *nasquira*, Auberon (Graf) v. 33, Mist. V. Test. 14405, sowie das part. praes. *nasquanz*, Stavelot S. 145, welches in einer von Godefroy t. V S. 471 beigebrachten, dem Ende

---

-ir entsprechende Bildungen benutzt. Nach dem perf. *genu*_i*it*, Alb. Bes. in B. Chrest. Sp. 18, 19 entstand das part. *engenoïz : converliz*, Chron. Ducs Norm. 6947, *engenuje = genita*, Ezechiel S. 14 und der conj. praes. *engenuisset*, SS. Bern. S. 177, 36 = *pariat*, Migne 390, 1.

[1]) Die Zeile: *L'escu li fant, l'auberc li desronpit*, Mort. Gar. S. 247 könnte den Glauben erwecken, als wäre *desronpit* inchoatives Praesens zu einem Infinitiv *desronpir*. Dem wird indess nicht so sein, sondern *desronpit* ist Perfektum, welches, wie so oft, einem Praesens coordinirt ist; vergl. *arivet . . . . eisit . . . . converset*, Alexius 17 b—d; *Pierchevaus, ki le regarda S'esmerveille et si se tarda . . . . .*, Perc. 44135; ähnlich eb. 44245 ff.; *Atant se partent et errerent*, Guil. Pal. 9557; *trencha . . . . . . estent*, Bast. Buill. 2038; *traient . . . . parterent*, Merlin t. I S. 23 (Prosa); *Les ungz se couchent et les autres s'assirent* (15.—16. Jahrh.): *firent*, Mont. Rothschild, Rec. de Poës. fr. t. X S. 221.

des 16. Jahrh. angehörigen Stelle unter der Form *naquissante* also mit dem Inchoativsuffix versehen auftritt. Der Wandel der auf lateinisch -*ic* + *ere*, -*ig* + *ere*, -*id* + *cre* beruhenden Lautgruppe -*ire* = stammhaft *i* + Endung *re* zu -*ir* ist bereits von anderer Seite mehrfach berührt, wenn auch nicht überall in seinem eigentlichen Wesen erkannt worden. Die sekundären Infinitive: *desconfir* = *disconficere*, *sougir* = *subjicere* u. s. w., die Scheler, Trouv. belg. I S. 309 „*par des causes littérales ou par négligence*" sich entstanden denkt, werden mit grösserer Bestimmtheit von Förster, Chev. II Esp. S. LVIII ffl. als Ergebnisse einer Angleichung an die Konjugation auf -*ir* betrachtet. Ich habe dem nur hinzuzufügen, dass, abgesehen von einer weiter unten besprochenen für das Schicksal des part. pass. sowie des perfectum zu setzenden Möglichkeit, der Ausgangspunkt dieses analogischen Prozesses ausschliesslich in der von dem vulgären Sprachsinn nicht unterschiedenen Futurbildung von *confirai*, *sougirai*, *occirai* einerseits und *bannirai*, *fournirai* u. s. w. andererseits gesucht werden muss. Den von Förster a. a. O. beigebrachten, nur das Vorhandensein von *confir*, *desconfir* und *cloufir* darthuenden Belegen seien folgende weitere angereiht: *Et ne le puis desconfir par nul tour*, Froiss. Poés. II 409, XLVI (neben *desconfire: dire*, eb. I 123, 1236), Jean Wauquelin, Hist. d'Alex. (Mitte d. 15. Jahrh.), s. P. Meyer, Alex. le Grand, t. II S. 321; *souffir: loisir*, Froiss. Poés. II 397, IV (*souffire: dire*, eb. I 64, 380), G. Muis. I 168, I 293; *clofir* Bat. d'Alesch. 1045; *claufir*, Baud. Condé, Contes dou Pellican v. 221; *sougir*, Trouv. belges I S. 309; *occir*, Li Diz de l'Erberie, Rutebeuf (Jubinal) t. I S. 256, Knauer Jahrb. 1871, S. 176; Claude Fauchet citirt ein Beispiel aus der „Grand Chronique", Recueil de l'Origine de la Langue et Poésie franç. S. 208. Das bisher nirgends beachtete *circoncir* fand ich an folgenden Stellen: *Au circoncir Brunehaut l'ont noumee*, Auberon (Graf) v. 393; *Pour le circuncir cest le cours*, Mist. V. Test. 9302; *..... Pour le circuncir puis apres . . . . .*, eb. 9259; *Circuncir il est necessaire*, eb. 15530; *Lequel circuncir ne se face*, eb. 15546; *circuncir: toussir*, eb. 15492; neben *circuncire: sire* eb. 9299; ferner: *L'en ne scarroit mieulx apprester Ne circoncir plus gentement Que l'enffant est . . .*, Greban, 5979.

Begegnet man der gleichen Verwirrung zwischen beiden Konjugationen auch im Particip des Passivums, so kann es zweifelhaft erscheinen, ob dahingehörige Vorgänge als direkte Folge der angeglichenen Infinitive, also einfach aus Uebertritt in die Klasse der Zeitwörter auf -*ir* erklärt werden sollen, oder ob es nicht vielmehr geraten ist, den ersten Anstoss zur Umbildung aus rein lokalen, nur dem Participium beider Konjugationsarten eigentümlichen Verhältnissen abzuleiten. Man wird zugeben, dass die zunächst, wenigstens nach Abfall des auslautenden losen *t*,[1]) nur in den mit flexivischem -*s* versehenen Formen herrschende Parallele zwischen den Participien der Zeitwörter auf -*i* + *re* und der auf -*ir* (*desconfiz*, *desconfis* = *puniz*, *punis*), eine Aehnlichkeit, die von dem nicht philologisch geschulten Sprachgefühl der Masse in ihrer blossen Zufälligkeit nicht erkannt wurde und somit leicht eine Quelle falscher Schlüsse werden konnte, ebenso leicht auch auf die flexionslosen Formen des Maskulinums sowie auf das Femininum übertragen worden sein kann. Hier folgende Beispiele: *desconfi*: *ensi*, Ph. Mousk. 8865, im Versinnern eb. 9963, Bat. d'Alesch 7873, sogar vor vokalischem Anlaut *desconfi et vaincu*, Viol. S. 146, *desconfi*: *mi*, *espi*, Bast. Buill. 4827, *desconfy*: *fourby*, Cygne 11412, : *parmy*, *polly*, H. Cap. 3032, 6234 (doch fém. *desconfite* im Versinnern eb. 3983), *desconfi*: *Fi* (Interjection), G. de Machaut, Prise d'Alex. 2454; die Feminina: *desconfie*: *garantie* Bat. d'Alesch. 453, : *ressortie* Bast. Buill. 4892, : *chevalerie*, Cygne 8987, 11805, 9011; *sougi*, Scheler, Trouv. Belges t. I S. 309; in Prosa: *desconfi* Jul. Ces. (Settegast) SS. 54, 1; 221, 17; 208, 19, neben *desconfit*, ebenda SS. 53, 12; 58, 1; 122, 5, welches auch in einiger der soeben angezogenen poetischen Denkmäler neben *desconfi* steht, z. B. Ph. Mousk. 1062; Enf. Og. 6256; G. de Machaut, Prise d'Alex. 2370. Ueber neufranz.

---

[1]) In der Pikardie erhielt sich auslautendes *t* (s. Neumann, Laut- und Flexionslehre S. 103, wo auf weitere zur Frage gehörige Litteratur verwiesen wird; Suchier, Reimpredigt S. XXI) und erklang, wie Tobler, Jahrb. 1867 S. 340 nach Beza angiebt, daselbst noch im 16. Jahrhundert. Seltsam ist daher der Widerstreit zwischen Adenet's Reimen: part. *escrit*: part. *garit*, Cleom. 1667—68, *dit*: *mentit*, eb. 13449, *set* = *sapit*: *veritet* = *veritatem*, eb. 15853 einerseits und nom. plur. *desconfi*: *houni*, Enf. Og. 5016 andererseits. Letztere Stelle ist leicht zu ändern; *desconfi*: *oï*, *hardi*, Berte 2589; *sougi*, Cleom. 1418.

suffi s. Zeitschrift f. Rom. Phil. VII S. 55 und dazu: *il ne leur a suffy*, Rab. Pant. liv. IV ch. XV; *dy = dictum* in: *Mais quant tu l'auras deservy En bref motz je le t'auray dy*, bei dem aus Valenciennes gebürtigen Jean de la Fontaine in seiner 1413 verfassten Dichtung La Fontaine des Amoureux de Science, s. R. d. l. Rose éd. Méon t. IV, 854—55; *Adonc Nature respondy: Filz, tu scez ce que je t'ay dy*, eb. 888—89; und schon früher: *ce li a di Garnier*, Aye d'Av. S. 56.[1]) Vergleiche damit die Schreibung von *landy* oder *lendi, lendy*, einem alten Worte, mit dem man früher die zu Saint-Denis stattfindende Messe zu bezeichnen pflegte; infolge seines mutmasslichen Zusammenhanges mit *annus dictus* oder mit *indictum* wäre nach Vaugelas

---

[1]) Auf die gleiche Weise mag *conclu, exclu* (*renclu*, Mén. Reims, Mss. DEF S. 164, 315), u. s. w. sein *s* verloren haben, s. Zeitschrift für Rom. Phil. VII Seite 55. Durch Analogie zu den altfranzösischen Participien, *lut, lute; recut, e; escrutes = scriptas*, Ph. Mousk. 10188, *conut, conute*, Dial. Greg. 123, 13 u. s. w. nahm es zuweilen ein *t* an; z. B. . . . . *avoit . . . . conclut*, Psaut. Metz. SS. 48, 11, 12, Stavelot SS. 14, 359; Mémoires d'Olivier de la Marche t. I SS. 79, 120, 177; fém. *conclute*, ebenda t. II SS. 128, 301, *conclutes*, eb. t. III SS. 214, 216, t. IV S. 9; *occis* bildet einmal den Accusativ *occit: Avez occit et trait a fin*, Eust. Moine 1382; so *assit* für *assis*, Stavelot S. 396; *aprit* für *apris* im Neupoitevinischen, Favraud, Oeuvres en pat. poit., Les Noces de Jeanette S. 25. — Auch nicht inchoative Zeitwörter auf *-ir* haben zuweilen ihre Participien an die ganz anderer Gruppen angelehnt: so erkläre ich mir *desserte* für *desservie* in: *Tu es* (*= ais = habes*) *mout bien la mort desserte : deserte = ōde*, Ly. Ysop. 2081 durch Einfluss von *terte* von *terdre*, Berte 888, für häufigeres *terse = tersa* (*tersus non tertus* warnt Probus, im Appendix, Keil IV 198, 4); derselbe Einfluss hat vielleicht *converse* von *convertir* zu *converte* umgebildet, Berte 889 und Schelers Anm. S. 164. Im Altlothr. finde ich einmal das part. *tais* von *taire*: *Je me sui tais et quoisieiz*, Psaut. Metz S. 117, 13, wo Ms. 9572 *teu* schreibt; s. auch *tait* bei Vadé (ed. Lecocq) S. 113; es liegt offenbar Anbildung an formverwandtes *faire* vor. *Vaint = victum* für *vaincu* erklärt sich bei dem nichtfranz. Verfasser der von Champollion-Figeac im Anschluss an Aimé's Ystoire de li Normant zu Paris 1835 veröffentlichten Chronique de Robert Viscart S. 308 entweder durch den Vergleich mit *peint, paint = pictum*, oder ist, was mir wahrscheinlicher dünkt, nichts anderes als französisirtes *vinto*. Hier sei auch der Einwirkung gedacht, die von dem lateinischen *collectum* oder *benedictum* entsprechenden *coilleit, coilloit, ben(e)eit, ben(e)oit* nicht blos auf die Participialbildung von Zeitwörtern auf *-re* und *-oir*, wie *croire* und *seoir* (vergl. *creeit* und *seeit*), sondern eben so leicht auch auf diejenige von andern nicht inchoativen Zeitwörtern auf *-ir* ausgeübt wurde: *foeit, fooit*

II S. 297 die in der That vorhandene Orthographie *landit*[1]) die einzig korrekte.

Es war nun zu erwarten, dass die auf diese Weise einmal angebahnte Annäherung der Zeitwörter auf $i + re$ an die auf *-ir* sich noch in weiterem Umfange bethätigen würde. In der That findet sich zuweilen an Stelle von regelrechtem *desconfist = fecit* oder *escondist = dixit* analogisches *desconfi*, Guil. Pal. 8512, : *afi*, Ph. Mousk. 3156, : *venqui*, eb. 4156, und selbst im Hiatus: *Et puis desconfi-il sans doute ....,* eb. 4161; Förster zu Chev. II Esp. S. LVIII verweist auf Ph. Mousk. 3155 und führt *desconfi*, Chev. II Esp. 9340 neben *desconfist*, eb. 9835 an; in Prosa fand ich: *il les desconfi*, Jul. Ces. (Settegast) S. 2, 3 neben *desconfist*, eb. S. 40, 10; *escondi* : *parti* (perfectum), Lai du Conseil S. 86, : *li*, Guil. Pal. 8023.[2])

---

von *foir = fodere, fuieit* von *foir = fugere, oeit* von *oïr = audire*, auch *toleit* von *tolir* oder *toldre*; s. darüber G. Paris, Rom. VII S. 624, besser Förster, Zeitschr. f. Rom. Phil. III 105 und Mussafia eb. III 267. Zu den an diesen Stellen belegten Fällen gesellt Tobler die folgenden: *asseois, brooiz* (für *bruiz*), *remanois, veoit*, Sitzungsber. der Berl. Akad. 1889, 1086.

[1]) Bei Vaugelas a. a. O. bedeutet es „ *ce que le disciple paye tous les ans à son Precepteur en reconnoissance de la peine qu'il a prise à l'enseigner.*

[2]) Diese analogischen Perfekta können übrigens unmittelbar an die oben erwähnten Participia angelehnt sein, ein Vorgang, der sich zuweilen auch bei nicht inchoativen Zeitwörtern auf *-ir* beobachten lässt. Findet man z. B. *tenurent* von *tenir*, SS. Bern. 152, 20, *tenust*, eb.124, 11, *tenussent*, eb. 93, 37, so dürfte dieses *u* mit dem im lateinischen perf. *tenui* vorliegenden *u* kaum in Verbindung zu bringen sein; näher liegt, dasselbe aus Anbildung an das part. *tenu* zu deuten. Diese Erscheinung wäre dann gleichartig mit *tolut=abstulit*, SS. Bern. (Le Roux de Lincy) S. 533; *tolut*, R. Garnier, Antigone 290 u. 7, 145, *tolust = fust* Brut. 9325, *tollut* (indic.): *voulut*, Mist. V. Test. 22887, *tollurent*, Jean Le Maire, Illustr. de Gaule, liv. II ch. XI f⁰ XXIᵛ, oder derselbe Des scismes et des concilles de leglise a. III; *querut = quaesivit*, Cygne 929, Mémoires d'Oliv. de la Marche t. II S. 77 nach dem zuweilen begegnenden part. *querut*, z. B. Stavelot S. 368, *queru*, Mém. Oliv. de la Marche t. II SS. 60, 81, *il ma requerru*, Bartsch, Franz. Volkslieder des 16. Jahrhunderts, Zeitschr. f. Rom. Phil. V 527, 12; *férut* von *férir*: *courut*, R. Garnier, Hippol. 1592, : *mourut* derselbe, La Troade 223; in Prosa: Rab. Garg. liv. I ch. XLIV; *vesturent* im Versinnern Claris 2005; *issurent* desgleichen eb. 18780; *boulut* von *boullir* bei Amyot s. Littré s. v. nach den partt. *tolu*, *féru*, *vestu*, *issu*, *boulu*. Aus anderen Konjugationen führe ich an: *decousut* getadelt von

Auch das Praesens der in Rede stehenden Zeitwörter
scheint zuweilen von der geschilderten Umbildung betroffen
worden zu sein, insofern die Annahme erlaubt ist, dass in
einigen seltenen Praesensformen das Vorhandensein des Inchoativsuffixes zu erkennen sei. In seiner Besprechung der
Förster'schen Ausgabe des Chev. II Esp. Zeitschr. f. d. Oesterr.
Gymn. 1877 S. 204 hat Mussafia auf den in diesem Denkmal
stehenden Reim: *desconfisent*: *issent* = *exeunt* aufmerksam gemacht und scheint nicht abgeneigt, diese Form mit *desconfir*
in Verbindung zu bringen und als einen weiteren Beweis für
den Uebergang dieses Zeitwortes zur Konjugation auf -*ir* anzusehen. So reimt *confiscent*:*tapiscent, iscent, compliscent*, bei
G. Muis. II 68; *si vous requier qu'il vous suffice*:*office*, Greban
23036 und daneben stellen sich: *desconfissoient*, R. Clary S. 54;
souffissoient, G. Muis. I 196; *souffissoit*, Ruteb. II 111; in dem
praes. *souffist*, G. Muis. I 298 dürfte dagegen das *s* nicht
weniger lautgesetzlich sein, als in *plaist, taist, gist, loist, luist,
nuist*. So verlockend hier die Annahme inchoativer Flexion
erscheinen möchte, so bleibt doch die Möglichkeit bestehen,
dass in *desconfissent, confissent, suffice* die unmittelbaren Nach-
kommen von latein. *conficiunt* und *sufficiat* vorliegen, deren
nachtoniges *c* sich ursprünglich zur nicht tönenden Spirans

Vaugelas, II 391; *je vescus*, welches ausserhalb Frankreichs bereits im
13. Jahrhundert auftaucht; so steht *il vescut* in der sicher von einem
Italiener verfassten Handschrift von Aimé's Ystoire de li Normant S. 183,
sowie in der derselben angehängten sprachlich das gleiche Gepräge zeigen-
den Chronique de Robert Viscart S. 312. Auf eigentlich französischem
Boden dürfte die Umbildung von altem *je vesquis* zu *vescus* indessen
kaum vor dem 15. Jahrhundert nachweisbar sein: in den Mémoires des
Olivier de la Marche trifft man neben *vesquirent*, t. I S. 57, *vesquit*, t. I
S. 85 sehr häufig *vescut*, t. I SS. 64, 102, 109, 115, 130, 178, 242; aus
dem Anfange des folgenden Jahrhunderts vergl. *vescut*, Jean le Maire,
III. Gaule. liv. III f°. IX^v, *vescu* (perf.), ebenda liv. III f°. XXI^v; s. Vaugelas I 20, I 196. Ferner *je vis* für *je vis* von *voir*, Jaubert, Gloss. du
Centre II 436, eine Bildung, die für *pourvoir* seit dem 15. Jahrhundert
nachweisbar (*pourveust*, Doc. rel. aux Crois. in Cygne I SS. 317, 323;
Mém. Oliv. d. l. Marche t. III S. 254; *pourveurent*, eb. t. II SS. 227, 229),
und heute obligatorisch ist, während *prévut* sich gelegentlich zwar bemerkbar machte, von den Grammatikern aber verworfen wurde; s. Vaugelas II S. 74 und dazu Th. Corneille ebenda. Isoliert finden sich die Perfecta *reinchurent*, Aimé Yst. Norm. S. 18 und *entendu*, eb. S. 46.

(c, ss) entwickeln musste, sodass sie vielleicht nicht anders zu beurteilen sind als *place, face, tace = placeam, faciam, taceam*. Hierher gehören auch Fälle, in denen tönendes *s* mit tonlosem gebunden erscheint. Auszuscheiden sind hier allerdings die von Förster, Rich. Biaus S. XII als Ungenauigkeiten aufgeführten Reime: *francise : iuise*; *prise : seruise* u. dergl.; denn *iuise, seruise* mit tönendem *s* haben in der alten Sprache nichts Auffälliges. Bemerkenswert ist jedoch, dass im Rich. Biaus, der Ländername *Frise* mit *Clarisse*, 2157 und mit *prise*, 2595 oder *mise*, 2228 reimt, sowie die von Förster a. a. O. aus Blancandin et l'Orgueilleuse 3697 herangezogene Bindung zwischen *rose : glose* (= *glosse*). Ich finde ferner *rose : grosse* (schwanger) in dem burgundischen Additional Ms. 15606, Herr. Arch. Bd. LXVII S. 265, v. 159—160; *conoise = cognoscat : envoise* v. *envoisier*, Claris 27654; vergleiche auch die Bemerkung zu dem Reime *taisent* (= *taceant*) für *tacent : laissent*, R. Thebes 5629 bei Constans, Lég. d'Oedipe, Append. S. XVI. So könnten denn auch die oben angeführten Reime zwischen *desconfissent, confiscent, suffice* und inchoativen Formen lediglich als Ungenauigkeiten aufzufassen sein. Eine noch weniger zuverlässige Grundlage für die Annahme von Inchoativflexion in den in Rede stehenden Fällen bilden die endungbetonten Formen *soufissoit, soufissant* u. s. w., denn die graphische Darstellung der *s*-Laute ist in der alten Sprache überhaupt eine sehr unsichere; so begegnen neben *soufissans*, Brun. Mont. 1078, 2137, *gissant = gisant*, eb. 2133, auch *luissant = lucentem*, eb. 2011, *ossoient*, eb. 1054 = *osoient, espoussee*, eb. 1030, *repossans*, eb. 2305; ferner *sissent = sederunt*, Auk. Nic. 11, 13, *promissent = promiserunt*, Förster zu Chev. II Esp. S. XLVII, *asissent, tressor, loissir*, Neumann, Laut- und Flexionslehre S. 105; andererseits nimmt das Inchoativsuffix auch vor vocalischer Endung die Gestalt *is* an, z. B. *garise*, Guil. Pal. 8709, *florisoit, espanisoit*, Renart 9661—9662, *aveulisoient*, Phel. Mousk. 12253, *relenquisoient*, eb. 3927; den conj. imperf. *fusent*, Joufr. 4060, *saüse* eb. 3854, 3860, *fuzent = fussent, uousisent = uousissent*, s. Neumann a. a. O. S. 105. Auch *deduisse = deducat* für *deduie*, Veng. Rag. 4577 ist nichts als orthographische Variation für früh auftauchendes analogisches *deduise : nuise*, Guil. Pal. 2959, *deduisent*, Chev. II Esp. 12336, *conduise* Berte 630, 645, *duise*,

Méu. Par. II S. 281, *destruise* : *cuise*, Christ. Pisan, Oeuv. poét.
(Roy) S. 14, 15, *destruises*, Mir. N. D. XX v. 462 und öfter; auf
gleicher Stufe steht *disse*=*dicam*, Anc. Théat. I 277, oder *dissiez* = *dicatis*, eb. III 342 für *die* und *diés*, s. Chev. II Esp. 1726,
10174, *diiés*, *diés* eb. 5927, 7827, Li Contes de la Charrete,
Jonckbloet II S. CLXIII, Mist. V. Test. 17881; *disse, dissiez* =
früh nachweisbarem *dise* = *dicat*, z. B. Docum. relat. aux Crois.,
Cygne I S. 386, Anc. Th. II 370 : *paillardise; que nous ne disiens* = *ut taceamus*, Lég. Gir. Rouss., Rom. VII S. 221, *disiez,*
Claris 10830, *disent* = *dicunt*, Anc. Th. II 214. Ernstere Beachtung verdient dagegen die Gestaltung der Praesensformen
des Kompositums *escondire*, welche in der That auf Einmischung
der inchoativen Erweiterung schliessen lässt. Denn nicht genug
damit, dass der auch in Prosa begegnende conj. praes. *excondisse* = *excondicat*, Prosa-Cligès S. 324, 6 im Reime erscheint
mit *feïsse*, Mir. N. D. IX S. 22, 516, oder mit *lice, coulice*, Eust.
Desch. II 21, wird auch die 2. p. plur. praes. indicativi *escondistez* : *dictes*, Mist. V. Test. 15447 verdrängt von *escondissez*,
Mir. N. D. XVI S. 404, 1725, *escondissiez*, ebenda I S. 31, 832;
Christ. Pisan, Oeuv. poét. ed. Roy S. 69, 6; ebenso im Imperativ:
escondissez, Anc. Théat. I S. 306; vergl. schon früher *escondissoit*, Cleom. 12017 und die alten Substantiva *escondissement* und
escondisseor. Dieses Verhalten von *escondire* erinnert sofort
an die Schärfung des *s* bezw. Neueinführung von *ss* in die
Formen von *maudire*, ein Vorgang, der seit dem 14. Jahrhundert nachgewiesen werden kann. *Maudissoient* dicht neben
disoient in der dieser Zeit angehörigen zu Paris, Crozet 1837
herausgegebenen Redaktion der Grans Chron. de France t. I
S. 337, *maldissoient* u. *benissoient*, Psaut. Metz Ms. 9572, S. 172,
4, wo im oberen Texte *maldisoient* erscheint; vergleiche ferner:
maudissoit, Landry S. 111, *maudissoient*, eb. S. 166 neben *mauldisoit*, eb. S. 270, *mauldissoye*, Mist. V. Test. 20920, *nous maudissons* Greban 14489, *me maudissés-vous*, Anc. Théat. I 22;
andererseits kennt das 16. Jahrhundert noch *maudisent*, Macault
Apophthegmes (1551) S. 224ᵃ; den conj. *que je* . . . . *maudie* :
melodie gebraucht Jean Le Maire in der Première Epistre de
Lamant Vert neben *mauldissoit* in den Illustr. de Gaule liv. II
ch. XI f⁰. XXIIIᵛ; auch Palsgrave S. 417 führt noch *que je
mauldie* neben *mauldisse* auf. Den Grund dieser Erscheinung

darf man mit Gewissheit aus einem Einflusse der Konjugationsart von *bénir*, dem Antonym von *maudire*, ableiten. Heute ist die Uebereinstimmung beider Zeitwörter bis auf den Infinitiv (was nicht viel sagen will, da der Unterschied zwischen *bénir* und *maudire* eigentlich nur noch ein orthographischer ist) und das part. passé, wo allerdings das früher auch verbal gebrauchte *bénit* dem noch modernen *maudit* entspricht, eine vollkommene, einmal finde ich sogar die an *bénie* angelehnte Participform *maudie*: *La guerre ..... fort maudie est de mes paysans*, Mont. Rothschild, Rec. d. Poés. franç. t. IX 298.

Es versteht sich, dass in diesem Zusammenhange eine weitere Besprechung der aus lat. *benedicere* und *maledicere* hervorgegangenen Zeitwörter *ben(e)ïr* und altfranz. *maleïr* durchaus am Platze ist, da sie ohne Zweifel eine Bereicherung des Gebietes der Konjugation auf *-ir* bedeuten. Mit Recht wurden beide Wörter von Darmesteter, Rom. V S. 149 wegen der Erhaltung des *e* vor dem Tone für gelehrte Bildungen erklärt.[1]) Ihre zu erwartende volkstümliche Gestaltung hätte *bendire* und *maldire* lauten müssen. In der That war ja *maldire* zu allen Zeiten vorhanden[2]), während die Existenz von *bendire*, die Chabaneau, Théorie S. 65 behauptet hatte, von Förster, Ztschr.

---

[1]) Es scheint mir bemerkenswert, dass das von Darmesteter a. a. O. gleicherweise für ein Lehnwort erklärte *obéir* zuweilen Formen entwickelt hat, welche auf Anschluss an das in seiner Struktur ähnlich geartete *bénir* hindeuten. So kennt Littré eine burgundische Infinitivform *oboïtre*. Auch fehlt es nicht an Beispielen für die freilich auch unabhängig von *bénir* mögliche Synkope des vortonigen *e*: *Et le feu comme Dieu honnourent, Et lui obeïssent et adourent* (14. Jahrhundert), Vieille S. 243; *Tout est pour obeïr à la rime*, in der Vie de Sainct Mathurin (Montaiglon et Rothschild, Recueil de Poés. franç. t. XII S. 358, v. 18), deren Verfasser allerdings selbst und zwar gerade an dieser Stelle auf die Eigenthümlichkeiten seiner Redeweise entschuldigend aufmerksam macht; vergl. dazu meine Ausführungen in Herr. Archiv Bd. 83, S. 467—68.

[2]) Vielleicht ist *maleïr* nur eine erst auf französischem Gebiete geschaffene Neubildung nach *beneïr*; ich halte *bene* vor *(d)ir(e)* für das lat. Adverbium von *bonus* und schreibe die Rettung desselben in seinem vollen Umfange dem Wesen von *benedicere* als kirchlich offiziellem Terminus zu. Vergl. Wackernagel, Kleine Schriften t. III S. 294; vielleicht trifft auch hier zu was Chapelain über die Erhaltung des *t* in *bénit* sagt; s. Th. Corneille zu Vaugelas I S. 387 ff. — Meyer-Lübke I S. 275 konstruirt umgekehrt ein nach dem im Romanischen nachweisbaren *maladicere* gebildetes *benadicere.

Neufranz. Spr. u. Lit. I S. 85 mit allem Fug in Abrede gestellt
wird. Ein, wie wir gesehen haben, echt volkstümlicher Vorgang
ist indessen die lautlich unberechtigte, aber, wie man annehmen
muss, bereits in den ältesten Zeiten der Sprache vollzogene
Unterdrückung des auslautenden *e*. Beispiele für *benire* sind
zwar nicht unerhört, doch ihrem Werte nach sehr zweifelhaft. Das in dem alten Drucke von Rob. Garnier's Tragödien
(1585) stehende und von Förster in seiner Ausgabe (Sammlung französischer Neudrucke von K. Vollmoeller, Heilbronn
1882—83) unangetastet gelassene *benire*, Cornélie v. 906 dürfte
fehlerhaft und nach einem bei Darmesteter u. Hatzf. 2e partie,
S. 343 (ed. 1887) Anm. 1 gemachten Vorschlage in *bénira* zu
ändern sein. Sicherer ist zwar die Stelle: „*benire Dieu et confesser*" in dem Ms. B. N. 9572 des Psaut. Metz, Prologue S. 9,
66, doch wird man auch in diesem späten Beispiel kaum
einen Rest des Ursprünglichen, sondern wahrscheinlich nur
eine im Anschlusse an das part. *ben(e)it* oder den conj. praes.
beneïe geschaffene Neubildung zu erkennen haben. Dem sei
wie ihm wolle, man wird die Existenz eines vorhistorischen
regelrecht aus *benedicere* hervorgegangenen *benedire, *beneire
nicht in Abrede stellen können. Denn wie streng dieses Zeitwort sich ursprünglich innerhalb der lautlichen Verhältnisse,
sowie der Konjugationsweise des lateinischen Urwortes hielt,
zeigt vor allem die Participialform *ben(e)oit*[1]) (norm. *beneeit*),
die genau lateinischem *benedictum* mit kurzem *i* entspricht.
An ihre Stelle trat erst später die Form *beneit* als Folge einer
für das einfache *dit* = *dīctum* statt *dĭctum* von vornherein
wahrnehmbaren Anbildung an die lautlichen Verhältnisse des
Praesens (s. G. Paris, Rom. VIII 445—46; Suchier, Gröbers
Grundriss, I S. 620). Uebrigens ist von dem part. *benoit*,
welches noch im 15. Jahrhundert begegnet, z. B. . . . . . . *le roy
soit benoi(s)t : cognoit*, Mist. V. Test. 19906 und im Innern der
Zeile eb. 12952[2]), zuweilen umgekehrt ein Einfluss auf den
regelrechten Konjunctiv *beneie* = *benedīcam* ausgeübt worden,
insofern es sein *oi* in letzteren einführte: z. B. . . . . . . *que Jhesu
vous benoie: Montjoie, doie* . . . . . ., H. Cap. S. 53. Die in dem

---

[1]) So auch *mal(e)oit*; z. B. *maleoite*, H. Cap. v. 3000 und öfter.
[2]) Und noch im folgenden Jahrhundert bei Rabelais, s. Burg I 322.

part. *beeneit, bencoit* sich kundgebende eigenartige Entwickelung lässt darauf schliessen, dass die Sprache frühzeitig — doch sicher erst in französischer Zeit, denn *dictum* liegt vor in ital. *detto*, altspan. *decho*, wall. *det*, wallon. *deit*, s. Meyer-Lübke I S. 89, sodass neuspan. *dicho* = franz. *dit* ist — das Bewusstsein des Zusammenhanges von *benedicere* mit seinem Simplex verloren hatte. Aber diese Scheidung, die auch in dem nach den endungbetonten Formen (*beneesquis* = *benedixisti* u. s. w. wie *vesquis* = *vixisti*) gebildeten perf. *beneesqui* zum Ausdruck kommt, war damit keineswegs abgeschlossen. Das konservative Festhalten am Herkömmlichen (*bene(d)eit, -oit*, sowie analogisches *bene(d)it* conj. *bene(d)ie*, plur. conj. *benions*[1]), SS. Bern. S. 75, 4, = *benedicamus* wie *dions* = *dicamus*, Renart 735, 26023) war erklärlich, solange das intervokalische *d* in *benedire* (*benedis*, Passion 117, 3) nicht geschwunden war. Mit dem Falle desselben kam der letzte Rest von Bewusstsein eines Zusammenhanges mit *dicere* der Sprache abhanden und gewöhnt daran, mit den Zeitwörtern auf radik. *i + re*, auch wenn sie aus Vorsilbe + Simplex bestanden, einen lebendigen Begriff zu verbinden, war sie, vielleicht unter gleichzeitigem Einfluss des fut. *beneirai*, sofort geneigt, das bedeutungslos gewordene *-ire* durch Verwerfung des auslautenden *e* mit der Endung *-ir* auf eine Stufe zu stellen und gelangte so zu *ben(e)ir*, und dies um so leichter, als, wie das Unterbleiben der Synkope des vortonigen *e* zeigt, *bene* (= lateinischem *bene* s. o. S. 30, Anm. 2) als Hauptträger des in *benedicere* liegenden Verbalbegriffes gegolten haben muss. Mit diesem Schritte war naturgemäss die Bildung eines sich an die Inchoativkonjugation anschliessenden ganz neuen Systemes gegeben, wobei, wie ich glaube, das aus *expoenitere* entstandene gelehrte *espeneïr* sowohl seiner äusseren Gestalt, als seiner inneren Bedeutung wegen als besonders geeignetes Muster sich dargeboten haben mag. Die neuen Formen, neben denen die altüberlieferten noch lange Bürgerrecht behielten, vergl. z. B. *beneïet* = *benedicat*, Cambr. Ps. 66, 6, 7 neben *beneïsset*, eb. 66, 1, *beneïssez*, eb. 65, 7; *le Seigneur vous benie*, B. Palissy, S. 336, oder *benoit, benit* in

---

[a]) Ich nehme hier den Konjunktiv an, wiewohl im lateinischen Texte *bene dicimus* steht; s. Migne 129, 4.

verbaler Bedeutung neben neuem *ben(e)i*: z. B. im 15. Jahrhundert: *benoi(s)t : cognoit*, Mist. V. Test. 19906, *beni(s)t*, eb. 6484, 11200, 12729, : part. *mauldit*, eb. 26996, neben *ben(e)y*, eb. 12564, 12935, fém. *beneyes : lignyes*, eb. 8900, sind heute zur Alleinherrschaft gelangt. (Ueber das Verhältnis des part. *béni* zu *bénit* vergl. F. Zvĕrina, Herr. Arch. Bd. 70, S. 201.)

Man sieht leicht, dass für die französische Schriftsprache der in Obigem geschilderte Kampf zwischen den beiden entgegengesetzten formenbildenden Principien, dem centrifugalen einerseits und dem centripetalen andererseits, in der Art entschieden wurde, dass zwar eine Reihe archaischer (*il meurt, il acquiert* u. a.), oder durch Anbildung an innerhalb der Konjugation auf *-ir* selbst Vorhandenes (*il cueille* für *cue(l)t* nach *cueillons, cueillais*) entstandener, der Neigung nach Verallgemeinerung des charakteristischen *i* nicht entsprechender Formen beibehalten, jedes wirkliche, nicht blos scheinbare Hinübergreifen einzelner Formen auf das Gebiet anderer Konjugationen aber ein für alle Mal verboten wurde. Doch bedurfte es solchen Verirrungen gegenüber, die bekanntlich auch ausserhalb des Bereiches der Konjugation auf *-ir* sich in ausgedehnter Weise ereignet haben[1]), vorerst eindringlicher Mah-

---

[1]) Zeitwörter auf *-re* nehmen im perf. zuweilen die Flexion der I. Konjugation an. Beispiele sammelte Förster, Zeitschr. für Neufranz. Spr. u. Lit. I S. 86—87; vergleiche ferner: *conduisa* in dem unpaginirten alten Druck der Mélusine des Jean d'Arras (S. 78); *batta*, Bartsch, Französische Volkslieder des 16. Jahrhunderts, Zeitschr. f. Rom. Phil. V S. 525, 7; *receva : va, pas*, Chans. pop. rec. en Octobre 1876 à Fontenay-le-Marmion, arrond. de Caën (Calvados), Rom. X S. 378, XV. Förster a. a. O. schreibt derartige Gebilde dem Einflusse zu, den die Zeitwörter der ersten Konjugation wegen ihrer grossen Zahl auf das Geschick der übrigen Konjugationen ausgeübt haben könnten. Aehnlich erklären sich: *vesta = vestit* in der erwähnten Mélusine (S. 77); *issa = issit*, Docum. relat. aux Crois., Cygne I S. 320. Vergleiche auch: *cindeirent = ceignirent : adoubeirent*, La Guerre de Metz en 1324, S. 166, 122; *attenderent : sejournerent*, eb. S. 142, 75; *arderent : chevalcherent*, eb. S. 188, 165 und im Innern des Verses eb. S. 190, 167; *responderent*, Serm. Poit. S. 33. Auch von Zeitwörtern auf *-ir* begegnen: *detraihierent : deslacierent*, Marie de France, Chaitivel (Roquefort) 137—38, bei Warnke: *detiroent : deslaçoent*; *eisserent*, Chaitivel (Roquefort) 86; *isserent*, SS. Bern. 103, 7; *s'enfuierent : redouterent*, Lib.

nungen seitens der Sprachgelehrten[1]) oder des litterarischen Spottes[2]), um durch Einschärfung des eigentlichen Sachverhaltes die Sprache auf den rechten Weg zurückzuführen. — So unverkennbar der Nachdruck nun auch sein mag, mit

Psalm. Append. CIII, 8; *dormirent* (sic!) : *atornerent*, Coucy 1049. Diese dritten Personen des Pluralis unterliegen vielleicht sämmtlich derselben Deutung, die Förster, Revue d. lang. rom. 3e série t. II, unter späterer Zustimmung von Koschwitz, Commentar S. 216, auf die in der Épitre farcie de la Saint-Étienne (12. Jahrhundert) stehenden Formen *baterent* von *batre : s'ecriert* (sic!), *s'esragerent, giterent, lapiderent*, VIII 3 und *haierent* von *haïr*, eb. II 5 angewendet hat; ihm sind diese beiden Formen nichts als Anlehnungen an die alte Perfektbildung der Composita von *dare*, die, wie man weiss, weit über das ihr ursprünglich zukommende Gebiet hinaus in der alten Sprache Verbreitung fand; vergl. Woltersdorff, Das Perfekt der zweiten schwachen Konjugation im Altfranzösischen, Dissertation Halle 1882; *batirent* (sic!) von *batre : cravanterent* steht auch Renart 9297—8. Vielleicht darf man annehmen, dass von der so analogisch umgebildeten 3. pers. plur. aus, deren Beschaffenheit durchaus an die erste Konjugation erinnerte, eine Umbildung auch der übrigen Formen des perf. vor sich gegangen sei und so die oben erwähnten Singularformen eine Erklärung fänden, die etwa derjenigen gleichartig wäre, die von Suchier, Anc. Nic. S. 71, 14 und Grübers Grundriss I S. 614 für *tu pechis = pechas, encarqui = encarqua, obligi = obliga* gegeben wurde, indem hier die Aussprache des Infinitivs: *pechier* oder *pechir* wahrscheinlich die Schuld trägt. Zuweilen liegt auch nur umgekehrte Schreibung vor; so in *faillierent*, Ch. II Esp. 11967, dem *riere = rire, fierent = fecerunt* zur Seite stehen; s. Förster ed. Chev. II Esp. S. XXXVII; Andresen, Rou. t. II S. 495.

[1]) Henricus Stephanus, Hypomneses S. 194 verbannt nicht blos die in Anm. 1 berührten Gebilde, sondern, gleich Petrus Ramus bei Livet S. 228, auch die Perfecta erster Konjugation mit flexivischem *i*, die den meisten der modernen Dialekte eigentümlich sind. Aus älterer Zeit vergleiche: *debrezirent* (*briser*), Docum. en Patois Lorrain rélat. à la guerre entre le comte de Bar et le Duc de Lorraine 1337—8, Rom. I S. 328 ff., II 33, *empourtirent*, eb. II 34 u. s. w., *j'engagis*, Anc. Th. II 267; *que je dignisse* von *dîner : misse*, eb. II 35, *frappit : Christ*, eb. I 276, *cuidirent*, Jean le Maire, Ill. Gaule liv. I ch. XX, *resueillirent*, eb. liv. I ch. XXIII, *estraglirët*, eb. liv. II ch. 23, f°. XLIX v, *abordirent*, eb. liv. II ch. 8, *arrachit*, Rab. Garg. liv. I ch. XXXVI, *tranchit*, eb. liv. I ch. XLIV; ferner Livet, SS. 44, 349, 436; Ulbrich, Zeitschr. f. R. Phil. II 347.

[2]) Ausser der schon von Livet S. 341 und Darmest. Hatzf. prem. part. (1887) S. 237 angeführten Deuxième Epistre du coc à l'âne des Clém. Marot (s. Oeuvres, ed. 1731 t. II S. 138) vergl. desselben Dichters Épigramme CCLXXVI, Oeuvres éd. 1731, t. III S. 197, u. Roger de Collerye, ed. Ch. d'Héricault, Paris, Jannet 1855, S. 255—56.

welchem dieser rückläufigen Strömung gegenüber sich in der
Entwickelung der Konjugation auf -*ir* das Bestreben nach
einem einheitlichen Ausbau aller zu ihr gehörigen Zeitwörter
mit Zugrundelegung des *i* als charakteristischen Merkmales
bethätigt hat, so bleibt doch wenigstens für die Schriftsprache
zu bemerken, dass sie nicht in demjenigen Umfange, in welchem
es angängig gewesen wäre und wie es seitens der Mundarten
wenigstens zum Teil thatsächlich geschehen ist, von dem Rechte
einer nach der angedeuteten Richtung hin vorzunehmenden
Beseitigung der überlieferten Unebenheiten Gebrauch gemacht
hat. Gewiss ist heute die Möglichkeit einer Wahl zwischen
verschiedenen Flexionsmitteln bei der Bildung einer und derselben Verbalform einfach ausgeschlossen, und es ist anzuerkennen, dass die Entscheidung meist zu Gunsten des charakteristischen *i* getroffen wurde, wie die endgiltige Aufnahme
der partt. perf. *menti, senti, repenti, bouilli, sorti, sailli, cueilli*
u. a., neben denen in älterer Zeit auch Bildungen auf -*u*, z. T.
überwiegend, gebräuchlich waren, um hier von Anderem, an
anderer Stelle näher zu Erörterndem zu geschweigen, hinreichend darthut. Auch das fast ausschliesslich gebrauchte
part. *feru* von *ferir* neigte zu *i*, s. Serm. Poit. S. 71, Baud. Cond.
t. I, Li Contes d. Hiraus 611; *ferit*, Arbre d. Bat., Herr. Arch. 67,
S. 68 ist indess in *ferir* zu ändern. Doch wurde *v(ê)stu* beibehalten,
wiewohl die alte Sprache das gewiss ursprünglichere *vesti=vesti-
tum* zwar seltener, doch nicht blos im Reim, wie Andresen in
seiner bekannten Dissertation einst aufgestellt hatte, thatsächlich
verwendet hat; s. *uestiz*, SS. Bern. S. 27, 23 und so stets; *revesti*,
Psaut. Metz S. 53, 35; im Versinnern *vestis*, Durm. 13944, *:marcis*,
ebenda 13283, *vesties : parties*, ebenda 9919 *vesti : pis*, G. Bourg.
2475. Für *venu, tenu* steht zuweilen *veni, teni*, s. *venie : pour-
cachie*, Mont. Fabl. II 79; *entretenie*, Prosacliges 325, 13.
Auch um die die Einheit störenden perff. *moururent, coururent* zu beseitigen, hätte es nur des Zurückgreifens auf
etwas längst Vorhandenes bedurft; Formen wie *mourit, mou-
rirent*[1]) und dergl. finde ich in und ausser dem Reime an folgenden Stellen: Perc. 9178, Cliges 6102, Claris 17750, Bat.

---

[1]) Behrens, Unorg. Lautvertretung S. 85 stellt diese Formen mit
den aus dem Praesensstamme neugebildeten Perfektformen *metirent, pre-
nissent* auf eine Stufe.

d'Alesch. 732, Mort. Gar. Loh. S. 222, Atre pér. Herr. Arch. 42,
S. 202, v. 575, Rose (Méon) 1445, 1464, Mont. Fabl. II 227,
Paul Meyer, Henri d'Andeli .... Rom. I v. 65, ders.; Notice
sur un Ms. Bourguignon, Rom. VI S. 46, Mist. V. Test. 1099,
Jub. Myst. t. II S. 276, in Prosa: Serm. poit. SS. 80, 100, 179,
190, Prosaroman von Jos. v. Arimathia S. 94, 896, Landry ch.
C, Stavelot SS. 99, 119, in neueren Mundarten: Ach. Genty,
Rimes inédites en pat. percheron, Paris 1861, S. 57, Jaubert,
Gloss. du Centre II 91. Sollte der Infinitiv *courir* für *courre*
nicht in das 12. Jahrhundert hinaufreichen, so könnte das im
Oxf. Ps. 58, 4; 61, 4; 118, 32 stehende *curi* durch Einfluss von
auch sonst formverwandtem *mouri* erklärt werden; *secorisles*:
feistes, Claris 8593; ferner im Versinnern bei Christ. Pisan,
Long. Est. 4560, Guill. de Mach. Prise d'Alexandrie 1840, 4834,
4845, 2960—61, 8702 neben *coururent*, eb. 2275, 5010, 5077;
vergl. *acourre, secourre*, eb. 2992—93 neben *courir*, eb. 3023,
secourir, eb. 2874; in Prosa: Li Contes de la Charrete, Jonckbloet II S. CLIII, Stavelot SS. 78, 355, 356, 366, *corir*, ebenda
S. 356. Von dem Grammatiker A. Mathieu wird *nous courismes*
für *courumes* als consequente Aussprache der „*commune*" bezeichnet, s. Livet SS. 311, 314. Vergl. dazu *je secouris* bei
Palsgrave S. 724 und aus Centralfrankreich *accourit*, Jaubert,
Gloss. du Centre I S. 42. Ein ebenso natürlicher Zug ist es,
wenn die Sprache die so auffallend aus dem Rahmen des
Gewöhnlichen heraustretenden, nach Pott, Plattlateinisch und
und Romanisch, Kuhn's Zeitschrift I S. 325 auf das im Spätlatein analogisch gebildete part. *fertus* für *latus* zurückgehenden
Formen *offert* und *souffert*, sowie *couvert* und *ouvert* durch
dem Kanon mehr entsprechende Gebilde zu ersetzen trachtet.
Schon bei Benoît findet sich häufig *offriz, offri, offrie* durch
den Reim gesichert s. w. 4083, 4581, 10579, 10614, 11380,
34706 u. s. w., *offryes: eslongies*, G. Muis I 260; *il ont ... ovrit*,
Psaut. Metz. S. 64, 13 (in Ms. 9572 steht *overte*). In: *Ly sans
li a covri la veue et l'oye*, Cygne 1847 ist *acovri* = perf. von
acovrir zu schreiben, ebenso ist *l'ad descovri: eschevi* durch
la descovri zu ersetzen im Lai d'Eliduc (Roquefort) 1013, wie
es auch in Warnke's Ausgabe geschieht. Besonders beliebt
war Derartiges in alter Zeit auf poitevinischem Gebiete: *sofria
= sofferte: envia*, S. Cath. 617, *sufri*, eb. 2621 neben *sufert* 1091,

soffri, Serm. Poit. S. 42; *offrie*, eb. S. 121; doch *descovert* eb. S. 175; *oberz* (sic!), S. 144, *overtes*, S. 132. Es ist bemerkenswert, dass Jean Garnier in seiner 1558 erschienenen Institutio gallicae linguae ad usum juventutis germanicae etc. lehrt, dass man gleich gebräuchlich sage: *j'ay ouvri* und *j'ay ouvert* ebenso *offri, souffri, couvri* und *offert, souffert, couvert*; s. Livet S. 320. Diese jeder sprachmeisternden Pedanterei fernstehende Anschauungsweise, die auch sonst an Garnier's Werk gerühmt zu werden verdient (s. z. B. seine Stellung zur Orthographiefrage, Didot, Observations sur l'Orthographe française, S. 99), fand weder unter den gleichzeitigen, noch unter den folgenden Grammatikern weitere Vertreter (s. Livet a. a. O.), und Henricus Stephanus, Hypomneses S. 213 macht allem Zweifel ein Ende dadurch, dass er die Neuerung rundweg verwirft und die alten Bildungen für die einzig sachgemässen erklärt. Bei dieser Entscheidung ist es denn auch, soweit die Schriftsprache in Betracht kommt, geblieben, während die Sprache des Volkes allgemein die angeglichenen Formen zu bevorzugen scheint. Hier sei nur verwiesen auf *couvri*, Jaubert Gloss. du Centre I S. 297, *decouvri*, eb. I S. 319, *recouvri* neben *recouvart*, eb. II S. 252, *ovri*, eb. II S. 127, *soffri*, eb. II S. 327; ferner auf Nisard, Étude sur le langage pop. ou pat. de Paris . . . . . Paris 1872, S. 234, *couvrit*, bei Favrand, Oeuvres en pat. poit., Les Noces de Jeanette, S. 11, *souffrit*, eb. Batrachom. S. 8.

II. Die centripetale Gewalt.
A. Das Futurum.

a) Synkope des dem Tone vorangehenden lat. *i*.

Die von Darmesteter, Rom. V S. 140 ff. über die Schicksale, welche der Vokal der im Lateinischen dem Tone unmittelbar vorangehenden, doch nicht ersten Silbe auf französischem Sprachgebiete zu erfahren hatte, angestellten Ermittelungen bedürfen, soweit dabei die Entwicklung des durch Zusammensammensetzung mit *habeo* vortonig gewordenen *i* der Infinitivendung *-ire* in Frage kommt, eingehender Prüfung und, wenigstens teilweise, entschiedener Berichtigung. Die von Darmesteter a. a. O. vorgenommene Scheidung der Futura *orrai = audire + habeo, venrai = venire + habeo* und der übrigen, die regelrechten Schwund des vortonigen *i* zeigen, von denen, deren Stamm auf *nt, rt, rv, rm, st, fr, vr,* auslautet und die mit Rücksicht darauf einen Ausfall des *i* nicht zulassen sollen, erweist sich sofort als willkürlich, wenn man verschiedene durch die Geschichte der Sprache gebotene Thatsachen vergleichend in Betracht zieht. Beruht nämlich Darmesteter's Anschauung auf der unerwiesenen Voraussetzung, dass die Futura von *mentir, sentir, repentir, partir, sortir, servir, dormir, vestir, offrir, souffrir, couvrir, ouvrir*, durch die Natur der auslautenden Konsonanz des Stammes veranlasst, von Anfang an das *i* des Infinitivs, wenn auch nur in der Abschwächung zu *e*, bewahrt haben, so ist dagegen einzuwenden, dass ein derartiges Verhalten zunächst nur für die muta cum liquida am Stammesende aufweisenden Zeitwörter obligatorisch gewesen sein kann. Dagegen halte ich die Möglichkeit, dass dem Futurum *servirai* oder *serverat* (Stavelot SS. 40, 384), um mit diesem zu beginnen, ein vorgeschichtliches *servrai vorausgegangen sei, nicht für ausgeschlossen. Die Beliebtheit der Verbindung *-vr-* steht ja ausser allem Zweifel; die Neigung für dieselbe äussert sich in sekundären Vorgängen, wie: a) Wandel des *n* zu *r* nach *v*: *Estevre* = *Stephanum*, *havre* für *havene*; b) Einschub des *r* nach *v*: *oliure* = *oliva*, Jean Le Maire, Ill. Gaule liv. II ch. V f⁰ VIIIᵛ; häufig *tenvre* = *tenuem* : *chanvre* = *cannabim*, Rose (Méon) 9336—7, und vor dem Tone in den Ableitungen: *attenvrir, chanvrier*, (*é*)*chanvrer* und dergl.; oder c) Zulassung unberechtigter Synkope des vortonigen, latein. *a* entsprechenden *e* im Futurum der ersten Konjugation, s. *trouvrés, achevrois* o. S. 8 Anm. Oder sollte die Ursache der von Darmesteter angenommenen Vermeidung der Synkope des *i* in dem Zusammenstehen von *r* + *v* + *r* zu suchen sein? Leider kann einem etwaigen *servrai kein anderer auf gleicher Entwicklung beruhender Fall zur Seite gestellt werden, und so dürfte es kaum möglich sein, eine allgemein befriedigende Lösung der Frage herbeizuführen¹).

Mit etwas grösserer Sicherheit lässt sich annehmen, dass *dormire* nach seiner Zusammensetzung mit *habeo* das vortonige *i* ursprünglich völlig eingebüsst hat. Die neue Verbindung kann etwa denselben Weg gegangen sein wie *marmor*, welches, wie das eingeschobene *b* zeigt, über *marmre* zu *marmbre* und dann erst zu *marbre* wurde. Diese Analogie zeigt uns also die Reihe: *dormirabeo, *dormrai, *dormbrai, *dorbrai. Ob diese Reihe allerdings wirklich ganz durchlaufen worden sein wird, ist mir zweifelhaft; ich glaube vielmehr, dass die angedeutete Entwicklung auf der nach Meyer-Lübke I S. 446 wallonischem *marme* vorangehenden Stufe *marmre also bei *dormrai stehen geblieben

---

¹) Ich freue mich sehr, noch im letzten Augenblick auf eine Stelle in dem von Cloetta, Rom. Forsch. Bd. III veröffentlichten Poème moral aufmerksam geworden zu sein, in der das von mir vermutete *servrai* in der That begegnet: *Solunc la tue aiue volentiers toi servrai*, 41b. Ob wir in diesem synkopirten Futurum einen Rest des Ursprünglichen vor uns haben, bleibt freilich zweifelhaft. Denn demselben Denkmal sind auch sekundäre Futura der I. Konjugation eigentümlich, wie *amendrai*, 41a, *demandra*, 105c, *comandrons*, 117c, *portra*, 153a, *trovrat*, 105a für *amenderai* u. s. w., und es ist zu erwägen, ob *servrai* nicht das Ergebnis des gleichen Vorganges, also eine nur sekundäre Gestaltung an Stelle von *serverai* oder *servirai* sein könnte. Dasselbe lässt sich allerdings a priori auch für *partrai, repentrai* sowie die übrigen synkopirten Futura behaupten, doch vergl. die Anmerkung S. 46. — Wichtig ist immerhin, dass durch das *servrai* des Poème moral die Möglichkeit der Lautverbindung -*rvr*- dargetan wird.

oder höchstens nach Ausstossung des stammhaftem *m* zu *dorrai fortgeschritten ist. Ein dem ganz ähnlicher Vorgang ist ja thatsächlich in dem Verhalten einiger Zeitwörter auf -*er* zu beobachten, deren Stamm auf die Liquiden *l* oder *n* auslautend im Futurum nach Synkope des vortonigen *e* das *r* der Infinitivendung dicht an sich heranriss und dann das stammhafte *l* oder *n* fallen liess; vergl.: *Jeo m'en retorrai à Loün*, Chron. Ducs Norm. 13379, *tourra*, Cygne 2655, *retourrons*, Froiss. Chron. (Luce t. II 41, 30; 44, 16; 48, 26), *De ce ne me destourroit nus*, Cléom. 12056; in Prosa: *tourra*, Mén. Reims S. 115, 218; wichtig scheint: *A sa ligne* (im Text: *lingue*) *arrier retournra*, Ysop. Avion. XII Robert I S. 310 und *Sejornera li Dux senz dotance*, Chron. D. Norm. 29050; siehe ferner: *En un castiel ne seiourrai*, R. Biaus 787; *A mon compaignon en parrai* = *parlerai*, eb. 5307, *parroit*, Cygne 2746, *parrons*, Jourd. Blaiv. 731; und wenn ich mich recht besinne, so ist auch ein hier noch willkommneres *ferrai* = *fermerai* in altfranzösischer Rede nicht unerhört.

Unbedenklich erscheint mir ferner die Annahme der vorgeschichtlichen Existenz von *vestrai = *vestire + habeo*; denn die Beliebtheit der Verbindung -*str*- im Französischen lässt inbesondere der Umstand erkennen, dass man dieselbe durch häufig bemerkbaren Einschub von *r* hinter *st* herbeizuführen suchte, besonders gern allerdings nach dem Tone, aber auch vor demselben: z. B. *tristrece* = *tristitia*, Mont. Fab. I 57, Long Estude 4123; *mestrier* = *mestier*, Mätzner, Altfranzösische Lieder S. 122, 15, Romvart S. 252, 22; *or as ton pere fait tristrant*, Barl. Jos. 158, 12; *jostré* = *josté*, Joufrois 479; *apprestré* = *appresté*, Prosaeliges S. 326, 31. Die Sprache hat sich auch nicht gescheut, in Futuren von Verben der I. Konjugation, deren Stamm auf *st* ausklingt, durch nachträgliche Ausscheidung des vortonigen *e* das *r* der Endung zu enger Verbindung mit stammhaftem *st* zu verschmelzen: *Par dessous vers terre tastrés* = *tasteres*, R. Chast. Coucy. 3178; *Car j'ai proumis devant que jou manifestroie*, G. Muis. II 15; *Non, il me coustra tout mon bien*, Anc. Théat. IV 268. Man vergleiche ferner die aus *exire + habeo, essere + habeo* sich ergebenden altfranzösischen Futura *eistrai, istrai, estrai* u. a. m.

Das in Vorstehendem beobachtete Verfahren, aus Neigungen, die die Sprache in historischer Zeit verrät, auf ihr Verhalten Bildungen gegenüber, deren anfängliche Entwicklung für uns in Dunkel gehüllt ist, einen Schluss zu ziehen, ist auch geeignet, Darmestet. Anschauung hinsichtlich der Futurbildung derjenigen Verba, die den Stammauslaut *nt* oder *rt* zeigen und desshalb zwischen Stamm und Endung den Hilfsvokal *e* fordern sollen, bedenklich zu erschüttern, selbst dann, wenn nicht noch wichtigere Thatsachen den ursprünglichen Schwund des *i* ausser Frage stellten. Beginnen wir mit *rt*. Das Vorkommen synkopirter Futura der ersten Konjugation mit dem Stammauslaut *rt* ist allerdings selten, aber doch nur desshalb, weil entsprechende Zeitwörter auf *-er* überhaupt nur in geringer Anzahl begegnen: *Si le portront par devant l'amiré*, H. Bord 5137, *portra* bei P. Meyer, Rapport S. 190 citirt Suchier, Auc. Nic. S. 70, 3, *Les diables emporteront desirant nostre trame*, Montaiglon u. Rothschild, Recueil de Poés. franc. IX 250. Eingeschoben wurde *r* hinter *rt* in *pertruis* für *pertuis*, Mont. Fabl. IV 25, G. Pal. 324, *Malpertruis*, Phil. Mousk. 14727. Von entscheidender Bedeutung ist hier indessen das durch unzweifelhafte Belege zu erhärtende Vorkommen von Futurformen wie *partrai*, *pertront* u. dergl., Bildungen, die Darmesteter nicht kannte, und die noch Schwan, Gram. d. Altfranzös. Leipzig 1888, S. 147, § 469 für unbelegt hielt. Doch steht bereits in dem von Förster 1882 herausgegebenen Lyoner Ysopet: *Au matin me pertrai de ci*, 3100, und Johannes Bröhan, der in seiner 1889 zu Greifswald erschienenen Dissertation „Die Futurbildung im Altfranzösischen" S. 84 meines Wissens zuerst im Zusammenhange auf diese Erscheinung aufmerksam gemacht hat, fügt hinzu: *partroit*, Elie (1877 erschienen) 1149, *partra*, eb. 1819.[1]) Diese ursprünglichen Formen scheinen auf dem grössten Teile des französischen Sprachgebietes allerdings schon früh durch analoge Bildungen verdrängt worden zu sein, denn wenn Bröhan a. a. S. 100 ausdrücklich betont, sie nur in östlichen Denkmälern angetroffen zu haben, so deckt sich dieser Umstand durchaus mit den von mir gemachten Wahrnehmungen.[2]) Der lothringischen und wie ich vermute dem

---

[1]) Die beiden Zeilen lauten vollständig: *Quant il partroit de moi, ia mes ne seroit lies*, 1149; *Quant il partra de moi, ia nen aura beubanche*, 1819. [2]) Ich sehe dabei ab von *partrei*, S. Cath. 1733, 1843, *partrai*, eb. 2472.

Archetypus am nächsten stehenden Handschrift des Roman de Florimont B. N. fr. 15101 entnehme ich folgende Stelle: König Philipps Seneschall macht seinem Herrn ernste Vorstellungen wegen der aus des letzteren Ehe- und Kinderlosigkeit für das Wohl des Reiches möglicherweise sich ergebenden schlimmen Folgen und fährt fort: *Or te ueons sain et deliure Mai ne seuent* (andre Hss.: *sauons*) *pas la saisson Que pertront de toi li baron,* f° 10ᵃ. Wir haben es hier gewiss mit der ursprünglichen Lesart zu thun, soweit sich dieselbe aus den Handschriften ermitteln lässt. Von den übrigen mir bekannten Redaktionen nämlich, die sämmtlich unabhängig von einander auf einen der Vorlage von Ms. 15101 (*F*) oder diesem selbst coordinirten Typus *y* zurückgehen — ein Verhältnis, welches behufs Verständnisses des hier Mitzuteilenden in ausreichender Weise durch folgendes Bild veranschaulicht wird:

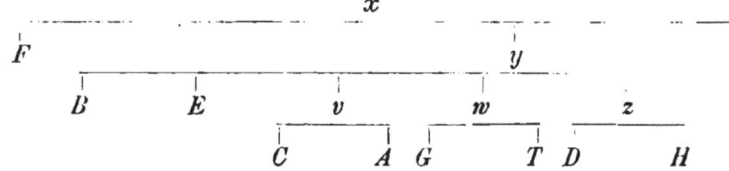

sind nämlich vier (Ms. B. N. fr. 353 (*A*), Ms. B. N. 1374 (*C*), Ms. B. N. 24376 (*G*) und Ms. Turin (*T*)) und zwar diejenigen, die wahrscheinlich nicht von französischer Hand herrühren, der von ihrer Vorlage *y* gebotenen Lesart treu geblieben, denn sie schreiben sämmtlich: *Que partront de toi li baron,* nur dass in *A* das das Metrum störende *partiront* durch Streichung des *i* zu bessern ist. Die vier andern zweifellos von Franzosen geschriebenen Handschriften — und dies ist für die Beurteilung der Form gewiss von Bedeutung — haben sich dagegen zu Aenderungen entschlossen. Die auf einen Typus *z* zurückgehenden Schwesterhandschriften Ms. B. N. 1376 (*D*) und Ms. Harl. (*H*) schreiben: *Que* (bez. *Quant*) *nos de toi departiron;* Ms. B. N. 1491 (*E*): *Que de toi partent ti baron;* Ms. B. N. 792 (*B*): *Que te perderont ti baron.* Wenn *F* in der unmittelbar folgenden Zeile *Tu seis bien que dels pertirais* sich plötzlich der analogischen Form bedient, so ist es möglich, dass im Gegensatz dazu in *y* die synkopirte Form gestanden hat, denn *T* liest: *Tu sez bien que tu len partras,* wofür die Schwesterhandschrift *G* mit metrischem Fehler *Tu sez ben quen partiras* setzt. Ausserdem haben *AC* die bezeichnende Lesart *Tu ses bien quades en* (*A: i*) *pdras*. Verschieden von einander verhalten sich die von französischer Hand geschriebenen Texte: die von *F* bestimmt unabhängige Hs. *E* konnte leicht zu der von *F* vertretenen Fassung, die auch mit geringer Abweichung von *B* *Tu seis que tu daus partiras* gewählt wurde, gelangen, während die Gruppe *z* *Tu sez bien que departiras* schreibt. Dass übrigens *y* die synkopierte Form in noch weiterem Umfange gebraucht hat, ergiebt sich vielleicht aus folgenden Stellen: der in *F* f⁰ 18ᵇ stehenden Lesart: *Ne pertiroit mais delenfant*, mit der auch *DHEB* (letztere *partira*) übereinstimmen, stellen *ACG* gegenüber: *Ne* (*A: nō*) *partiroit il mais de* (*G: da*) *lenfant;* hier ist nach der von *T* vertretenen allerdings ebenfalls metrisch mangelhaften Fassung: *Nil partroit mais dalenfant* leicht die synkopierte Bildung einzusetzen. Aehnlich verhält es sich, wenn neben dem in *F* f⁰ 52ᵇ stehenden: *Dist que de uos nen irait mais* die Gruppe *y* einhellig, ausser *T*, *partira* aufweist, doch so, dass in *AG* (*C* ist Fragment und reicht nicht so weit) das metrisch unzulässige: *Dit que de uos ne partira mais* nach dem Muster des von *T* gebotenen: *Dist que de uos ni* (sic!) *partra mais* zu bessern wäre, während *BEH* sich zu der Aenderung: *De uous ne partira jamais, D* zu: *De uous ne departira mes* entschliessen müssen.

Die wichtige Frage, ob denn nun überall, wo sich in *y* die Lesart *partrai* vermuten liess, diese letztere in den kritischen Text, dem, wie gesagt, nach meinem Dafürhalten die das synkopierte Futurum nur einmal aufweisende Redaktion *F* zu Grunde zu legen ist, aufgenommen werden müsste, möchte ich erst dann endgiltig zu beantworten versuchen, wenn mir einmal das gesamte handschriftliche Material zu Gebote gestanden haben wird. Hier sei nur noch kurz auf die für die Beurteilung der lokalen Abgrenzung der synkopierten Form gewiss wichtige Thatsache hingewiesen, dass der Dichter des Florimont ausgesprochenermassen (s. Herr. Arch. 73, S. 63 ff.) die Eigenheiten seines heimatlichen d. h. lothringischen Dialektes zu Gunsten centralfranzösischer Ausdrucksweise zu meiden trachtet; und so wäre es wohl möglich, dass die Anwendung des französischen *partirai* in *F* überall da, wo es sich leicht in den Text schickt, auf den Dichter selbst zurückzuführen ist, zumal an zwei Stellen, f⁰ 32ᵇ und f⁰ 101ᵃ, *partirai* und *partirons* von den übrigen Handschriften (nur *B* weicht ab) nicht beanstandet wurde. Ist dem so, so halte ich hinsichtlich des in *y* zu vermutenden *partrai* nicht für ausgeschlossen, dass der Schreiber dieser Handschrift, vielleicht ein Lothringer strengerer mundartlicher Observanz — analog etwa dem Kopisten eines durch dialektische Eigentümlichkeiten vor dem Uebrigen ausgezeichneten Teiles der Predigten des heiligen Bernhard, s. Förster, Rom. Forsch. t. II S. 192 — den Eigenheiten seines heimatlichen Idiomes an den oben besprochenen Stellen zu grösserem Rechte verholfen habe.

Bemerkenswert ist übrigens die ablehnende Haltung, die von einigen früheren Herausgebern oder Bearbeitern altfranzösischer Texte der in Rede stehenden Form gegenüber wohl in Verkennung ihres eigentlichen Wesens beobachtet wurde. So scheint Brakelmann geneigt, die Anfangszeile der dritten Strophe des in Achtsilbern gedichteten 359sten Liedes der lothringischen nach Schwan, Die altfranz. Liederhss., Berlin 1886 S. 252 wahrscheinlich aus einer in demselben Dialekt geschriebenen Vorlage geflossenen Liederhandschrift No. 389 der Stadtbibliothek zu Bern: *A poene partrai de li vis*, zu Gunsten der von einer andern Handschrift gebotenen Variante: *A painnes en partirai uis*, zu verwerfen, weil durch letztere Fassung „die unschöne Elision des *i* in „*partrai*" vermieden wird", s. Herr. Arch. 43, S. 276. Auch auf das in dem Wackernagel'schen Texte des Lai dou chievrefuel (Altfranz. Lieder und Leiche) str. 6, Z. 1 stehende *partrait* möchte ich nicht ohne weiteres verzichten, trotzdem Bartsch, Chrest.³ S. 215 der im Ms. fr. 12615 sich findenden Lesart *partirait* den Vorzug geben zu müssen glaubte. Mit Hinblick auf die lothringische Färbung sowie das Alter des Gedichtes neige ich vielmehr zu der Ansicht, dass die bei Wackernagel zu lesende Fassung ein Rest des Ursprünglichen ist und wir von ihr aus einen Schluss auf die eigentliche metrische Gliederung der ganzen Strophe zu ziehen berechtigt sind. Geringfügige sich von selbst darbietende Aenderungen in den Zeilen 2, 3, 4, 6, 8, sowie die Beseitigung von *partirait*, Z. 5 und *departirait*, Z. 7 zu Gunsten von *partrait* und *departrait*, führen zu dem metrischen Schema: 7 5 c

7 5c 7 5e 7 5e. Dass nach demselben Schema auch die folgende Strophe gebaut ist, ist kein Hinderungsgrund, sondern entspricht im Gegenteil dem metrischen Aufbau des *lai* oder prov. *descort*; vergl. Bartsch, Grundriss S. 38.

Das Auftreten synkopirter Futura solcher Zeitwörter auf -*ir*, deren Stamm auf -*nt* auslautet, ist meines Wissens bisher nirgends nachgewiesen worden, wenn auch eine lautgesetzlich sich vollziehende Schöpfung der Verbindung -*ntr*- mit Hinblick auf bereits in der Sprache vorhandene Wörter wie: *entrer, contraire* u. dergl. durchaus nicht ausser dem Bereich der Möglichkeit gelegen haben kann, wie auch hier zuweilen begegnende Futura der I. Konjugation mit ausgestossenem *e* beweisen, z. B.: *Si se vantra au barnaige proisie*, Amis et Amil. v. 394; *Par mon conseil on le tentra*, Greban 10551; *Se l'enffant veult, il vous comptra De son enluminacion,* eb. 14448; *je contentray mes parens* (7 silbig), Bartsch, Franz. Volkslieder des 16. Jahrh. Ztschr. f. R. Phil. V S. 527, 9; *chantrois* (1. s. cond.) *devant la porte* (6 silbig), eb. S. 533, 15. Für die, wie wir gleich sehen werden, in der That durch sichere Belege zu erhärtende ursprüngliche Synkope des *i* in den hierhergehörigen Futurformen darf man sich allerdings nicht berufen auf Fälle wie: *Mult se repentrunt des ilec en avant,* in dem von Reinsch, Herr. Arch. 63. S. 78—89 mitgeteilten metrisch durchaus unzuverlässigen 52sten Stücke des anglonormannischen Ms. Lambeth Palace No. 522 v. 566; es liegt vielmehr nahe, die Stelle nach dem Vorbilde von v. 239: *Lors se repenterunt e tendrunt a trai* zu bessern. Alle Zweifel müssen jedoch schwinden, wenn man die folgenden wiederum dem Roman de Florimont, also einem lothringischen Denkmal, entnommenen Stellen in Betracht zieht. Florimont hat durch seine am Hofe König Philipp's geübte ausserordentliche Freigebigkeit auch die Aufmerksamkeit des dem letzteren feindlich gesinnten Königs Candiobras erregt, der sich nun zu folgender Selbstbetrachtung veranlasst sieht: *Su est* (= *Florimont ist*) *aucuns uilains cortois Molt auoit or de loing atrait Lauoir dont il mæynet tel plait Repantrait li quant laurait mis Poures sen irait del pais . . .,* Ms. F f⁰ 57ᵈ. Die Mehrzahl der übrigen Handschriften hat andre Ausdrucksweisen gewählt: *Il sen donra quant laura pris, GT; Molt sen dorra quant laura mis, B; Corouciez iert quant laura mis, E; Peiera* (sic!) *li quant laura mis,*

H; nur *A* (und wahrscheinlich die Vorlage des eng verschwisterten, leider fragmentarisch gebliebenen *C*) weist noch Spuren des ursprünglichen wenn auch offenbar nicht verstandenen Wortlautes auf, wenn es schreibt: *Il sen rēpintra quant laura mis.* An andrer Stelle giebt ein Bote dem Gedanken, dass es ihm um die Schmach, seine Leidensgenossen durch Uebernahme der Botschaft in der Gefahr verlassen zu haben, keineswegs leid sei, wenn nur der damit beabsichtigte Zweck erreicht werde, folgende Fassung: *Se ie puis estre a son* (d. i. des Feindes) *dam̄aige Ne me repentrai del outraige Jaisoit que la uoie est hontouse Sol qu'a roi soit contraliouse,* Ms. *F* f⁰ 85ᵃ. Anklänge an diese gewiss ursprüngliche Lesart bieten die Handschriften der Gruppe *y* hier in grösserem Umfange als bei der zuerst besprochenen Stelle: am deutlichsten, wenn auch am trümmerhaftesten in *A: Je ne cui pitrai* (sic!) *del mesage;* diesem am nächsten steht *E: Je ne me repēt dou message;* aber selbst die Fassungen: *Ja ne me plandrai del mesage, G; Ja ne plandra il del mesage, T; Je ne plaindroie mon damage* (sic!), *H; Ne plus plaindroie pas mon message, D; Ja ne plaindroie mon voiage, B* scheinen ihren Zusammenhang mit dem in *F* wirklich stehenden, in *y* stark zu vermutenden *repentrai* nicht gänzlich verleugnen zu können.

Entsprechen unsere bisherigen Erörterungen über die Bildung des Futurums der Wahrheit und ist man, wie ich nicht bezweifele, insbesondere berechtigt, Erscheinungen wie *partrai, repentrai* als vorbildlich für alle andern gleichgearteten Fälle aufzufassen, sodass sie also als alleinige zu gewissen Zeiten und auf einem bestimmten Gebiete der Sprache noch erlaubte Ueberreste einer einst in weiterem Umfange lebendig gewesenen Formenbildung zu gelten hätten[1]), so haben sich unsere Untersuchungen mit einer ganz bestimmten Anzahl von Fällen zu beschäftigen, die wir sogleich nach einigen kurzen aber notwendigen Bemerkungen übersichtlich zusammenstellen werden. Die Möglichkeit des Vorkommens lautgesetzlich entwickelter

---

[1]) Gegen die etwaige Annahme, dass *partrai* ebenso durch sekundären Ausfall des *i* entstanden sein könnte, wie *portrai* durch sekundären Ausfall des *e*, mache ich geltend, dass Bröhan (S. 7) ein *portrai* etc. aus Denkmälern Lothringens, Burgunds, der Champagne und der Franche-Comté nicht nachzuweisen vermag.

Futura werden wir hier von der Entscheidung über die Frage abhängig sein lassen, ob das betreffende Zeitwort bereits im Altfranzösischen ein für alle Mal zur Inchoativflexion übergetreten ist oder nicht; ist das letztere der Fall, d. h. sind noch Praesensformen nichtinchoativer Bildung nachweisbar, so darf auch die Möglichkeit ursprünglicher, d. h. synkopierter Futurbildung nicht ausgeschlossen werden. Gegen die wissenschaftliche Berechtigung einer nach dem soeben angedeuteten Gesichtspunkte zu treffenden Auswahl liesse sich indessen das Bedenken erheben, dass in vorgeschichtlicher Zeit ein streng lautlich entwickeltes Futurum neben inchoativem Praesens, also etwa *ravrai = *rapire + habeo neben ravis = *rapisco, sehr wohl bestanden haben kann und somit obiges Kriterium in sich zusammenfällt. Aber dieser Dualismus wäre — sein einstiges Vorhandensein zugegeben — doch nur ein scheinbarer; denn es unterliegt kaum einem Zweifel, dass die Verbreitung des Inchoativsuffixes über sämmtliche Formen der Praesensgruppe erst das Werk analogischer Uebertragung gewesen ist (siehe weiter unten), dass also dem einheitlichen Zustande, den wir in der historischen Zeit der Sprache in den inchoativen Verben vorzufinden gewohnt sind, ein dem Verhalten der Schwestersprachen entsprechender Gegensatz zwischen ursprünglich stammbetonten und endungsbetonten Formen, also zwischen ravis für ursprünglich rápio und *ravons, *ravoie u. s. w. vorangegangen sein muss. Ein Futurum *ravrai, welches an *ravons, *ravoie einen Halt fand, wird nun mit der Einführung des Inchoativsuffixes in alle Formen der Praesensgruppe insofern gleichen Schritt gehalten haben, als es sich fortan, durch kein Analogon mehr unterstützt, dazu verstand, mit Rücksicht auf Einheit, der ja auch das Perfectum und das part. pass. schon früh gehorcht haben, das *i* der Infinitivendung nachträglich in sich aufzunehmen. Das oben vorgeschlagene Verfahren bei der Auswahl der im Folgenden zu besprechenden Futurformen hat demnach einen mehr als rein praktischen Wert, denn in historischer Zeit haben die Futura sämmtlicher schon im Altfranzösischen endgiltig zur Inchoativflexion sich bekennenden Zeitwörter in der That ein für alle Male das *i* der Infinitivendung zur Geltung gebracht (über *garrai* neben *garirai* s. später), während, wie wir gleich schon werden, die Zeitwörter reiner Konjugation diesem *i* gegenüber ein durchaus abweichendes Verhalten beobachtet haben und zum Teil noch heute beobachten.

Es folgt nun zunächst das schon angedeutete Verzeichnis der in den Rahmen unserer Betrachtung gehörigen Fälle; alles nicht durch Belege zu Erhärtende ist durch Sternchen ausgezeichnet:

1. *foïr* = *fodire* für *fodere; forrai, forai.*
   foïr = *fugire* für *fugere; fuirai.*
   haïr = *hatire (cf. *enhadide* Alexius 87^c) = *hatian;* **hadrai, harrai, harai.*
   joïr = *gaudēre; jorrai, jorai.*
   muïr (selten für sekundäres *muire*) = *mūgire;* **muirai.*
   oïr = *audire; orrai, orai.*
   puïr = *pūtere; purrai, purai,* z. B. *Cil au pur dieu put et purra Qui purement ne s'espurra,* 3 Wunder Gautiers, Ztschr. f. R. Phil. VI S. 325 ff., I v. 718, *E plus purra au devaler* ..., Besant 1372, ... *En l'ordure, en la puantine Qui toz jors es nes leur purra,* (Var. *pura*): *durra* = *durera,* Judenknabe (Vie des anciens Pères), S. 91, 96—97; *pura* oder *puira* (*u-i* oder *ui*?) noch im 16. Jahrh., s. Darmesteter et Hatzfeld, XVIe siecle (1887) prem. part. S. 244; zu *puira* vergl. den Infinitiv *puire,* oben S. 12.
   **roïr, ruir,* s. jetzt Godefroy s. v. für späteres *ruire* (s. Littré s. v. *rugir* und Godefroy s. v. *ruire*) = *rūgire;* **ruirai.*
   traïr = **tradire; tradrai,* *trarrai z. B. *Que m'en darez? el vos tradran,* Passion 21^c (Diez S. 25 schlägt *tradrai* vor).
2. *bouillir,* für älteres *bo(u)lir* = *bullire; bouldrai, bourrai* z. B. *bouldront,* Ménag. Par. t. II S. 261, *bouldra,* eb. II S. 263, *Cil qui n'ourra (orera) ou labourra Ou boulant feu d'enfer bourra,* Gautier de Coinsy, Herr. Arch. 67, S. 239, v. 149—50.
   cueillir für *coillir* = **colligire; coildrai, cueldrai, aqueudrez* Ren. 8137.
   faillir für *fallir* = **fallire; faldrai, faudrai, faurrai* u. s. w.
   saillir für *salir* = *salire; saldrai, saudrai, saurrai* u. s. w.
3. *tenir; tendrai, tenrai, terrai, tiendrai.*
   venir ebenso; vielleicht gehört hierher auch:
   fenir = *fīnire* (*ę* für sonst bleibendes ̄lat. *i* vor dem Tone durch Differenzierung, s. Koschwitz, Commentar S. 211;

Schwan, Gram. d. Altfranz. S. 23, § 54 und S. 33, § 95, meint wohl dasselbe; doch begegnet auch *i*, z. B.: *finie*, Suchier, Reimpredigt S. 22, 44, *tu finis*, R. d'Alix (Michelant) S. 380, 30, *finissiez*, Claris 13330, *fini*, SGile 2751, 2753 u. ö., Formen, die dann seit dem 15. Jahrh. obligatorisch werden (*finir*, Mist. V. Test. 23657). Es spricht also nichts Wesentliches dagegen, Rutebeuf's *finra* in *James a régner ne fin'ra*, ed. Jubinal t. II S. 47 aus *finire+habeo* mit regelrechter Synkope des vortonigen *i* entstanden zu denken, zumal Spuren nichtinchoativer Flexion erblickt werden dürften in: *iai soit ke nos ne feniens d'orer = licet nunquam ab oratione cessemus*, S. S. Bern. S. 155, 3 und Migne Sp. 179, 5. Zu beachten bleibt indessen, dass Gröber, Grundriss I S. 231 dem Altfranzösischen den Besitz von *finir* in der Zeit, in der das vortonig gewordene *i* hinter einfacher Liquida schwand, noch abzusprechen geneigt ist und sein Auftauchen neben *finer* in eine Zeit verlegt, in der die Syncope des *i* nicht mehr stattfand. Uebrigens glaube ich, dass das Rutebeuf'sche *finra* nichts als eine gelegentliche, vom Dichter des Reimes wegen auf: *Mes se jamais en la fin r'a Débonerete en prison ...* ganz willkürlich geschaffene Bildung ist und dass Bröhan a. a. O. S. 87 zu weit geht, wenn er es unter der Voraussetzung, dass *finra* für *finera* stehe, mit *donrai* und *menrai* auf gleiche Stufe stellt.

4. *cropir*, nfrz. (*ac*)*croupir*; *croprai.
5. *ferir = ferire*; *ferrai*.
   merir = mereri; *merrai.
   garir, goth. *varjan*, ahd. *werjan*; *garrai*.
   morir = moriri für *mori*; *morrai*.
6. *gesir = jacere*; *gesrai, gerrai, gi(r)rai*.
7. *eissir, oissir, issir = exire*; *istrai*.
   toussir = tussire; *toustrai.
8. *englo(u)tir = inglutire*; *englotrai.
9. *covir = cupire* für *cupere*; *covrai.
10. *resplendir = splendēre*; *resplendrai.
    grondir = grundire für *grunnire* cf. Diez, E. W. S. 175 u.
    Forcellini s. v.; *grondrai.
11. *mentir = mentiri*; *mentrai.

repentir = *poenitēre*; *repentrai*.
sentir = *sentire*; *sentrai.
12. amanevir = goth. *manvjan*, s. Diez, E. W. 633.
13. dormir = *dormire*; *dormrai, *dorrai.
14. gu(e)rpir = *werpan*; **gu(e)rprai*.
15. partir = *partiri*; *partrai*.
    sortir (s. Scheler Dict. d'Etym. fr. s. v.); *sortrai.
    vertir = *vertire für *vertere*; *vertrai.
16. servir = *servire*; *servrai (s. o. S. 39 Anm.).
17. vestir = *vestire*; *vestrai.
18. Die auf *muta cum liquida* ausklingenden Stämme bedurften eines Stützvokales:
    a) offrir; offrerai und mit schon sehr früh auf dem Gesamtgebiet eingetretener Metathese des *r*: *offerrai*.
       o(u)vrir; o(u)vrerai, o(u)verrai.
       co(u)vrir; co(u)vrerai, co(u)verrai.
       so(u)ffrir; so(u)ffrerai, so(u)fferrai.
    b) emplir = *implēre*; *empleroit* S. S. Bern. 50, 10, *aempleras* eb. 45, 29.
    c) *nodrir = *nutrire*; *nodrerai, *norrerai. Wenn S. S. Bern. 49, 15 ... *il te nuirat* ... als Uebersetzung des lateinischen ... *ipse te enutriet* (bei Migne Sp. 108 steht) so stimme ich Förster, Anm. in der Varia lectio zu dieser Stelle, bei, wenn er diese Form als Vereinfachung von *nujr- rat* auffasst. Aber weder dieses noch das an folgender Stelle begegnende *norrai*: *De mon pouoir uos aiderai Vos porcelaz [mout] bien norrai*, Ly. Ysop. 1267—8, darf den Anspruch erheben, als unmittelbare Fortsetzung von *nutrire + habeo* gelten zu wollen. Die regelrechte Entwicklung ist *nodrerai, **nor(r)erai*; zu diesem verhält sich *norrai* wie *onorras* zu *onoreras*, S. S. Bern. 149, 18 u. a. m.

    podrir = *putrēre* steht vielleicht mit Unrecht in diesem Zusammenhange, da ich reine Bildung der Praesensgruppe nicht nachzuweisen vermag (doch s. weiter unten); indessen begegnet ein dem eben erwähnten *nuirat, norrai* entsprechendes Futurum auch von diesem Zeitwort: *Li ius purreit dauant la fazon de l'ole*, S. S. Bern. 20, 21 = *computrescet jugum a facie olei*, Migne Sp. 52, 2, dem gewiss die allein lautgemässe Stufe *podrerai[1]), *porrerai vorangegangen ist und daher die gleiche Erklärung wie *norrai* gebührt. Aufnahme in das soeben mitgeteilte Verzeichnis durften natürlich nur solche Zeitwörter auf *-ir* finden, deren synkopierte Futura mit Sicherheit auf eine Verbindung von Infinitiven auf *-ire* mit *habeo* zurückzuführen sind. Denn es ist leicht ersichtlich, dass da, wo neben der Endung *-ir* noch andere Gestaltungen der Infinitivflexion, nämlich *re, eir, oir*, in der alten Sprache geduldet wurden, das synkopierte Futurum auch auf einer diesen letzteren entsprechenden Quelle beruhen kann, und zwar um so mehr, als in der Mehrzahl derartiger Fälle die Infinitivform mit *-ir* wahrscheinlich die jüngere Stufe darstellt oder nur selten oder dialektisch neben *-re* oder *-oir* angetroffen wird. Wenn wir von den oben S. 7 ff. als sekundäre Bildungen bezeichneten Infinitiven auf *-re* für *-ir* absehen, so sind es die folgenden Gruppen von Zeitwörtern, die wir aus gedachten Gründen aus obiger Zusammenstellung auszuschliessen genötigt waren:

a) solche, die wahrscheinlich erst später an die Stelle der Konjugation auf *re* angehöriger Gebilde getreten sind: *courir, querir, cremir, fremir, gemir, premir*(?), *raemir*, vielleicht auch *suivir* für *corre, querre, cr(i)embre, g(i)embre,* **fr(i)embre* (etwa zu erschliessen aus dem bei Godefroy IV S. 136 belegten Substantiv *frambor, frebor* neben *fremor = bruit, vacarme*, welches sich als gleichartig mit dem Ztschr. f. R. Phil. VII S. 57 von mir erklärten *criembor, crienbor* begreifen liesse), *pr(i)embre, ra-(i)embre, suivre* = *sequere für *sequi*. Zweifelhaft ist mir *tollir*, welches bereits Eulalia 23, Alb. v. Besançon 71, 5 begegnet und möglicherweise dem von Pott, Plattlat. und Rom. in Kuhn's Ztschr. I 326 nachgewiesenen *tollēri* entspricht; der seltenere Infinitiv *toldre, tolre* könnte eine Abstraction aus dem Futurum *toldray* sein.

b) solche, die nur dialektisch neben Formen auf *-eir, -oir* die Endung *-ir* zeigen, wie: *cheïr, seïr, veïr* für *cheoir, seoir, veoir*; ferner *dolir = doloir*, Romvart S. 429, 29, vergl. mehr

---

[1]) Vergl. *podrirai*, Alexius 96[b].

Beispiele bei Godefroy s. v.; *permanir* [1]), Job S. 493, *remanir*, Oxforder Hs. des Girart de Rossillon 2838 (Hentschke's Dissertation über die Verbalflexion dieses Denkmals Halle 1882, S. 32), *remanir*, Serm. poit. S. 84, Stavelot S. 107, S. 126. — Das eigentliche Wesen der in den Eiden stehenden Infinitive *podir*, *savir* haben die vielseitig angestellten Untersuchungen nicht mit absoluter Sicherheit aufzuhellen vermocht. Behält Koschwitz, Commentar S. 14, wie W. Meyer, Lit. Bl. f. germ. u. rom. Phil. 1886 Sp. 24, nicht bezweifelt, mit seiner auf sorgfältigster Prüfung aller früheren zur Sache gethanen Aeusserungen gegründeten Behauptung, dass das *i* hier den Lautwert *ei* beanspruche, Recht, so brauchten *savir* und *podir* hier nicht erwähnt zu werden.[2]) Geschehen musste dies immerhin, da die Anschauung, nach der dem *i* in der That die Aussprache *i* zukommt, beziehentlich in *podir* und *savir* Uebergang zur Konjugation auf -*ir* stattgefunden hat, von Forschern wie Diez, Sprachdenkm. S. 8 u. Gram. II³ S. 136, Gröber, Jahrb. XV S. 85, P. Meyer, Rom. III S. 372 vertreten wird.

Eine Gruppe für sich bilden:

c) *gesir*, *plaisir*, *taisir*, *loisir*, *luisir*, *nuisir* neben *gire* (: *mire*, Froiss. Poés. II S. 269, 223, Mont. Fabl. II 41; *agire* : *martire*, Dit. de l'Emp. Constant 135, neben *ajesir* : *plaisir*, eb. 127), *plaire*, *taire*, *loire* (?, Suchier, Gröbers Grundriss I S. 610 scheint diese Form zu kennen; vergl. *loiroit* Dial. Greg. S. 23), *luire*, *nuire*. Hier haben die Verhältnisse mehrfach (z. B. Schwan, Gram. d. Altfranz. S. 160, § 507) zu der Annahme einer bereits im Lateinischen vorhandenen doppelten Urform gedrängt; während nämlich *plaist*, *taist*, *gist*, *loist* (Charr. 4980 neben *list* : *ist*, Brut 13499 und im Innern der Zeile Poème moral 499ᶜ), *luist*, *nuist* auf ursprüngliches *plaisir* u. s. w. = *placēre* mit assibiliertem *c* schliessen lassen, scheinen das *plaid* der Eide = *placitum*, *plairai* u. s. w., sowie die Infinitive *plaire* u. s. w. auf einen Typus *plăkĕre* u. s. w. hinzudeuten. Die vielfachen Beiträge zur Lösung der Frage sind zusammengestellt und kritisch beleuchtet von Koschwitz, Commentar S. 29, S. 71 ff. Wenn Suchier, Gröbers Grundriss I S. 610, geneigt ist, die Infinitive *plaire*, *taire*, *loire* für

---

[1]) Ueber *maindre* s. oben S. 7, Anm.
[2]) Siehe jetzt auch Meyer-Lübke t. I S. 90.

Neubildungen zu halten (etwa aus dem Futurum *plairai*?), so bleibt zu erwägen, dass nach Waldner, Herr. Arch. 78, S. 434 umgekehrt *plairai* möglicherweise erst an den Infinitiv *plaire* angebildet ist. Bei dem nun einmal über die Provenienz der Infinitiv- und Futurformen der genannten Zeitwörter gebreiteten Dunkel, in das auch die gewiss sekundären Futura *plaisirai*, Oxf. Ps. 114, 9, *plaisirat*, Cambr. Ps. 68, 34; *taisierunt* = *conticescent* Canticum Anne, matris Samuelis 14 kein Licht zu werfen geeignet sind, kann man nicht umhin, dieselben den aus obigem Verzeichnis auszuschliessenden Fällen anzureihen. Wie verhält sich altfrz. *croissir* zu seltenerem *croistre*?

Einige der hier ausgesonderten Zeitwörter werden in den folgenden Erörterungen übrigens insofern eine Rolle spielen, als auch ihr Futurum zu gewissen Zeiten an einer Umbildung nach dem Muster der inchoativen Konjugation auf *-ir* teilgenommen hat.

b) **Eintritt eines sekundären *e* zwischen Stamm und Endung.**

Der oberflächlichste Blick auf die geschichtliche Entwicklung des französischen Futurums lehrt sofort, dass in der Mehrzahl der in obiger Liste aufgezählten Fälle ein Fortschreiten vom Ursprünglichen zum Sekundären, vom mechanisch Gewordenen zum psychologisch Gewollten stattgefunden hat, und es wird des weiteren davon die Rede sein müssen, welcherlei Beweggründen die Sprache bei dieser umgestaltenden Thätigkeit gehorcht, welcherlei Mittel sie dabei verwendet hat, in welchem Umfange, und mit welchem Nachdrucke sie geneigt war, das Neugeschaffene an der Stelle des Alten endgiltig einzuführen. Die neufranzösische Schriftsprache kennt eine dreifache Gestaltung der Futura von Zeitwörtern auf *-ir*: 1. es tritt Synkope des *i* ein, *mourrai*; 2. zwischen Stamm und Endung erscheint *e*, *cueillerai*; 3. zwischen Stamm und Endung steht *i*. Die zur ersten Gruppe gehörigen Fälle erklären sich leicht als Ueberreste ursprünglicher Bildung und bedürfen daher hier nicht weiterer Erläuterung; zu beachten ist nur, dass sich ausser *fuir* zur synkopierten Form heute nur noch die Verba bekennen, deren Stamm auf *n* oder *r* auslautet: *venir*, *tenir*, *mourir*, sowie die Neubildungen *courir*, *quérir*.

Grösseren Schwierigkeiten begegnet das Verständnis des
c, welches in *cueillerai, saillerai* einen Teil der Endung zu
bilden scheint. Eine Umschau auf älteren Sprachgebieten lässt
erkennen, dass auch andre, vielleicht alle zu nichtinchoativen
Zeitwörtern auf -*ir* gehörigen Futura zuweilen ein *e* an Stelle
des *i* der Infinitivendung gesetzt haben. Welches ist das
Wesen dieser Erscheinung? In diesem *e* den von Darmesteter
a. a. O. geforderten Stützvokal, dessen Notwendigkeit und Ursprünglichkeit wir nur bei den auf *muta cum liquida* auslautenden Stämmen anzuerkennen vermochten, erblicken zu sollen,
ist nicht blos nach unseren obigen Erörterungen, sondern auch
desshalb ausgeschlossen, weil dasselbe auch bei solchen Zeitwörtern auftritt, bei denen sein Vorhandensein nach Darmesteter'schem Gesetze nicht erforderlich wäre. Die Gleichsetzung
dieser gewiss sekundären Erscheinung mit dem wohl auf dem
gesamten Sprachgebiete zu beobachtenden analogen Vorgange in
der Futurbildung der Konjugationen auf -*re* und -*oir* hat viel
Verlockendes. Das Bestehen desselben Verhältnisses, welches
zwischen ursprünglichem *perdrai, rendrai, vivrai* und späterem
perderais, Psaut. Metz S. 394, 14, *renderai*, eb. S. 331, 5, 8, *ar-
derait*, S. 360, 6 u. s. w. obwaltet, wird sich leicht auch zwischen
dem auf ostfranzösischem Gebiete noch erhaltenen ursprünglichen
repentrai und *partrai* und späterem *repenterai* und *parterai* annehmen lassen. Soweit wir diese Bildungen mit *e* auch in anderen als östlichen Mundarten antreffen, sind sie eben als ver-
einzelte Spuren eines einst in weiterem Umfange geübten Verfahrens zu betrachten, während die synkopierten Formen
repentrai, partrai, auf denen sie beruhen, abgesehen von den
S. 41 ff. mitgeteilten Resten im Osten, schon in altfranz. Zeit auf
dem grössten Teile des Sprachgebietes spurlos verschwunden
sind. Es folgen die Beispiele:
serverat Stavelot, S. 40, *serveras*, eb. S. 384.
vestera: *Qui tost et vestement* (= *vistement*) *son habert vestera*,
Romv. S. 345, 34; *vesteray*, Barl. Jos. ed. P. Meyer u. Zotenberg S. 123, 19; *revesterai*, Psaut. Metz. S. 373, 17 neben *re-
vestirai*, eb. 373, 19 (Ms. B. N. 9572: *vesterai* und *revesterais*
(sic!)); *Ainz vesterum dras de dolur*, SGile 745.
repenterait, Psaut. Metz S. 320, 5 (Ms. 9572: *repantirait*); *repan-
terit*, Ezechiel 109, 4; *quant vos repenteres*, G. Muis. II 203

neben *repentiroit*, eb. II 238; *lors se repenterunt e tendrunt a trai*, Ms. Lambeth No. 522, Herr. Arch. 63, S. 82 v. 239. *menteray*, Couldrette, Mélusine 1000 neben *mentiray* eb. 4357; *menterions*, Lettre du Prestre Jehan bei Jubinal Oeuv. de Rutebeuf t. II Addit. S. 470. *senterit*, SS. Bern S. 173, 9; *senteront*, G. Muis. I 215, II 285; *senterunt*, Ms. Lambeth a. a. O. S. 83 v. 260 neben *sentira*, eb. S. 87 v. 490; *senterons*, Stavelot S. 275. *partera: departerat*, SS. Bern S. 97, 32, *partera*, Prosa-Perceval (Potvin) t. I S. 143; *parterunt* (anglon.), Romvart S. 436, 6; *departeroit* Stavelot S. 13. *convertera*, SS. Bern. 136, 2; *reverterat*, eb. 56, 20 (nach Bröhan S. 84).[1])

Stellen wir das *e* in diesen Formen mit dem von *viverai*, *prenderai*, *meterai* auf eine Stufe, so ist damit auch die Notwendigkeit gleicher Deutung gefordert. Ueber die Natur des *e* in *viverai*, *prenderai*, *meterai* ist man nun keineswegs einig: Suchier, Auc. Nic. 70, 3 deutet *prenderai* durch Eintritt eines Hilfsvokales, eine Möglichkeit, die auch Darmesteter a. a. O. S. 148, Anm. 6 für einzelne Fälle zuzulassen geneigt ist; Neumann, Laut- und Flexionslehre S. 64 meint: „der den Liquiden als Sonoren (cf. Sievers, Lautphysiol. S. 25 ff.) eigene Stimmton erzeugte einen Vokal neben ihnen: dieser ist nicht eigentlich ein stummes *e*, sondern wir haben überall vokalisches (sonans) + konsonantisches *l, r*". Andere, wie Förster, Chev. II Esp. bejahen die schon von Darmesteter aufgeworfene Frage, ob vielleicht Analogie zur ersten Konjugation vorliege, oder sind doch geneigt, sie zu bejahen, wie Tobler, Versbau S. 29; auch Bröhan S. 28 lässt unter Beruf auf Koschwitz Ztsch. f. R. Phil. II 483 die Mitwirkung eines derartigen Einflusses zu. Wenn Meyer-Lübke I S. 275 *poverin*, *torterelle* u. dergl. für zu erwartendes *povrin*, *tortrelle* sich unter Einwirkung des Primitivums *povre*, *tortre* entwickelt denkt, so ist damit auch das Vorhandensein desselben Verhältnisses von *beverai* (s. *beverage* neben *bevrage* bei Meyer-

---

[1]) Auch die östlichen Texten eigentümlichen Futura *isserai = exire habeo, naisserai, conoisserai* stehen mit den oben angeführten auf gleicher Stufe (Beispiele bei Bröhan SS. 34, 74); die entsprechenden Infinitive schieben im Lothr. kein *t* zwischen *s* und *r* ein (Apfelstedt, Lothr. Ps. S. XLIV).

Lübke a. a. O.), *prenderai, meterai* zu altfrz. *boivre, prendre, metre* als möglich gesetzt. Diese letztere Erklärung würde aber zunächst nur für die Zeitwörter auf *-re* ausreichen, und man wäre genötigt, für die auf *-ir* und *-oir* Einfluss seitens der ersteren anzunehmen, also die Proportion aufzustellen: *partrai, devrai* : *parterai, deverai* = *prendrai* : *prenderai*.

Dem sei nun wie ihm wolle, es ist sofort ersichtlich, dass der Versuch einer Deutung des *e* in den Futuren der Konjugation auf *-ir* im Anschluss an die gleiche Erscheinung in der auf *-re* nur auf diejenigen Fälle Anwendung finden kann, in denen der Stamm auf *v, d* oder *t* auslautet, sodass den oben mitgeteilten Beispielen höchstens noch vielleicht zu belegendes *gronderai und *resplenderai von *grondir* und *resplendir* anzureihen wäre. Denn abgesehen von dem Umstande, dass jenes sekundäre *e* überhaupt nur nach *v* oder Dentalis[1]) eintritt, bleibt zu beachten, dass es gleichgiltig war, ob die vor der Endung *re* stehende Dentalis stammhaft ist oder erst als vermittelnder Laut eingeschoben war, sodass *parterai, vesterai* nicht blos mit *baterunt, meterai, venderai*, sondern auch mit *sourderai, conoisterai, naisterai* u. dergl., und demgemäss denn auch mit spärlich begegnendem *escuelderoie*, Auc. Nic. 14, 10, *tressalderai*, Cambr. Ps. 17, 29 (s. Bröhan S. 70) und vielleicht nachweisbarem *falderai, boulderai* sowie sehr häufigem *isterai*, nicht aber mit *cueillerai, saillerai, faillerai, bouillerai* auf eine Stufe zu stellen sind. Wir gewinnen somit in den zuletzt genannten Bildungen eine Gruppe von Erscheinungen, die einer besonderen Erklärung bedürfen. Hier zunächst die Beispiele: *cueillir*: *Le fruit de l'ente cuellera*, Fl. Blanch. 390; *Tuit ensemble la cuellerons*, Renart 19867; *Ains cueillerai cuer despiteus*, Ad. Halle S. 279, 13; vergl. auch *cueillera* in den anglonormannischen Adgarlegenden 16, 28 (Rolfs, Rom. Forsch. I); *kocillerai*, Bast. Buill. 2426, *quoillera*, eb. 3625, 3629; *E l'acoillerez en frarie*, SGile 3275; *recueillera*, Brun.

---

[1]) Vergl. indess auch *marberin, chamberière, porperin*. Gestützt auf ein der Vie Ste Juliane (ms. Oxf. Bodl. Canonici misc. 74, f⁰ 67ʳ) entnommenes *guerperai* stellt Godefroy IV 377 einen nicht belegten Infinitiv *guerper* auf; doch beweist dieses Futurum ebenso wenig wie *guerpe* (Konjunctiv!), Ben. Chron. D. Norm. 9192, oder *guerpent*, eb. 8628 (Indikativ), die God. ebenfalls herbeizieht.

Mont. 2156; *recoilleront*, Psaut Metz, Ms. 9572 S. 293, 30; *recueilleras*, Greban 802; *recuillerons*, Prosaversion des Rom. d. Thèbes, Constans, Lég. d'Oed. S. 327; *cueilleroient*, Rab. Pant. liv. II ch. XV; so noch heute in der Schriftsprache und in Mundarten, z. B. *cueillera*, Chans. pop. recueillies en Octobre 1876 à Fontenay-le-Marmion, arrond. de Caën, Rom. X S. 385, XXX.

saillir: *Par oultraige j'assaileray le Roy*, Gringoire II 68 (neben *assaudront*, eb. II 128, *assailliras*, II 278); *assalheroient*, Stavelot S. 335; *assaillera*, Mist. V. Test. 24232 (neben *assaudra*, eb. 24759 und *assaillira* s. weiter unten); *assailleray*, Prosadruck des Galïen li Rest. (a. 1500) S. 161; *assailleroient*, Rabelais, Sciomachie, ed. Barré S. 593, *assaillerai* u. *assauldray*, Palsgrave S. 437; das Schwanken zwischen *-erai* und *-irai* dauert bis in unser Jahrhundert hinein, siehe Grammaire d. Grammaires, 19e éd. Paris 1867 t. I S. 527. Trotz der Warnungen der Grammatiker steht *tressaillerai* bei Armand Dubarry, Une Allemande S. 87.

faillir: *faillerai*, Elie 2110 (Bröhan S. 71); *A cela ne failleres pas*, Mist. V. Test. 14221; *failleray*, Anc. Théat. II 169; .... *et si je disois egal, je ne scay si je faillerois* .... (a. 1622), Éd. Fournier, Var. hist. litt. t. III S. 41. Diese Bildung taucht in unserem Jahrhundert wieder auf in dem von Littré s. v. *défaillir* scharf getadelten *défaillerait* bei Cousin, Fragments philos. 2e éd. 1833 p. 206.

bouillir: Nach dem Grammatiker de Wailly (1724—1801) gilt neben *bouillirai* auch *bouillerai*; s. Gram. d. Gram. I S. 529.

Wenn Chabaneau, Theorie S. 74 u. 76 behauptet, dass in *cueillerai, saillerai, overra* für *ovrera*, „das *i* des Infinitivs unmittelbar durch *e* selbst ersetzt" sei, „das wiederum seinerseits bald dem *i*, das durch Analogie eingeführt wurde, weichen musste", so vermag ich ihm darin mit Förster, Ztschr. f. Nfrz. Spr. u. Lit. 1 S. 85—86, dessen Worte ich mich soeben bedient habe, nicht beizustimmen, denn *coildrai, saldrai* u. s. w. ist die einzige nach französischen Lautgesetzen zulässige Bildung und überdies scharf zu trennen von *ovrerai* (nfrz. *ouvrirai*[1])), wo das *e* durchaus berechtigt ist. Ich glaube nicht, dass die in Rede stehende Erscheinung in ihrem Wesen verschieden sei

---

[1]) Förster a. a. O. hält *ouvrirai* mit *i* für ursprünglich, s. u.

von der Umbildung, welche den Singularis des praes. ind. und des imperat. betroffen hat, indem er an Stelle von *je coil, cueil; tu cueilz, cuels, cues; il cueilt, cuelt, cuet; coil, cueil* neues *je cucille, tu cueilles, il cueille; coille, cueille* trat; vergleiche: *Vet s'en Guillaumes, s'acueille son chemin*, Cor. Lo. 1475 (neben *aqucult,*̀ eb. 2671); *Si l'acueille lors a covrir*, Renart 16209 (neben *aquelt : veut*, eb. 16388); *acuelle*, Ad. Halle S. 151, Var. 8; *acueille* (3. p.), Trouv. belges 257, 450; *Parmi la maistre porte acoille son voiage*, Ch. d. Saxons II S. 110; *aqueille*, Bast. Buill. 1017; *Las! mesellerie m'accueille : vueille*, Mir. N. D. XXVII v. 1615; *recueille*, Mén. Par. I S. 170, Jean Lemaire, Illustr. Gaule liv. II ch. XXII f⁰ XLVIIv und liv. I ch. XXII; bei der Beschreibung eines Spieles heisst es: *Car cest gieu tout en soy recueille L'ordonnance d'une bataille : fueille* (14. Jahrh.), Vieille S. 84; *on cueille*, Rab. Pant. liv. III ch. L); *recueille*, Charron (1541—1603) bei Darmest. Hatzf. XVIe siècle (1887), 2me partie S. 30, 2; *il cueille*, Palissy (ed. Paris 1777) (geb. 1499?) S. 176 und sonst. Die von Förster a. a. O. vorgeschlagene und ausser von Burguy I 330 schon viel früher von Vaugelas II 360 (ed. Chassang) und der Gram. d. Gram. ed. 1867 I 527 vertretene Deutung, nach welcher *cueille* und *cueilleray* auf den altfranzösischen Infinitiv *cueillier* zurückgehen sollen, vermag ich mir nicht anzueignen. Allerdings kennen die meisten der oben angeführten Denkmäler, die *cueille* und *cueillerai* gebrauchen, auch einen Infinitiv *cueillier* und beugen dieses Zeitwort auch in den Perfektformen, wie wenn es der ersten Konjugation angehörte. Diesem Sachverhalt ging indess gewiss ein anders gearteter voran: denn sehe ich recht, so vollzieht sich der Uebertritt des Infinitivs sowie der Perfektgruppe zu I erst im 14. Jahrhundert (s. u. S. 60), während *cucille* und *cueillerai* bereits im 13. Jahrhundert neben sonst regelrechter Bildung der übrigen Formen begegnen. Förster hat aber auch übersehen, dass die Futura *saldrai, faldrai, bouldrai* ebenfalls zu einer jenem *cueillerai* durchaus analogen Bildung, nämlich zu *saillerai, faillerai, bouillerai* fortgeschritten sind, ohne dass diesen Formen in jedem Falle Infinitive wie *sailler, failler, bouiller* oder Perfektformen nach I zur Seite stünden. Den sekundären Futuren *saillerai* u. s. w. entspricht indess folgende Gestaltung des Präsens:

saillir : *saille* für *saut*, B. d. Commarchis 1102 (s. Scheler,

Trouv. Belges I S. 331—2); *Lors saille sus uns chevaliers*, Atre per., Herr. Arch. 42, S. 155, 70; *D'un oil en autre saile et uole*, Ms. 24376 (*G*) des Rom. de Florimont f⁰ 50ᵃ (für *saut* in den anderen Hss.).

faillir: ein Fortschritt von heute wenig gebrauchten *je faux* (alt *fal, fail*), *tu faux, il faut*, deren Schwinden aus der Sprache Littré beklagt, zu *je faille* u. s. w. („*on ne trouve pas je faille*" Darm. Hatzf. XVI. siècle (1887), prem. part. S. 243) scheint zu keiner Zeit vor sich gegangen oder wenigstens doch nicht nachgewiesen zu sein. Von dem gleichfalls defectiven Compositum *défaillir* finde ich indess einmal das bisher ganz unbemerkt gebliebene, dem Futurum *défaillerai* bei Cousin (s. o. S. 57) entsprechende praes. *je défaille: Maintenant je tremble et je frissonne, je défaille à l'instant décisif, je sens quelque chose de suprême qui nous enveloppe, et je balbutie ....*, V. Hugo, Notre-Dame de Paris liv. XI ch. I in ed. Bruxelles 1837 t. III S. 207.

bouillir: *bouille au lieu de bout*: „*cette eau bouille à gros bouillons*", Jaubert, Gloss. du Centre de la France t. I S. 164.

Trotz Förster's Einwand nehme ich hier die Erklärung Chabaneau's (Théorie S. 76) für *cueille* wieder auf und dehne dieselbe auch auf *saille, défaille* und *bouille* aus. Diese sekundären Gestaltungen sind eben nichts als das Ergebnis der Bemühung, den Stamm *coil, cueil; sail, fail, bouil*, wie er in der Mehrzahl der übrigen Formen vorlag (*cueillons, cueilloie, cueilli(s), cueillant, cueilli* u. s. w.), auch in denjenigen Formen des Praesens, in denen ihm in Folge der Lautverhältnisse Entstellung drohte, also in der 2. u. 3. Person Singularis des Indikativs *cueilz, cuels, cues; cueill, cuell, cuet*, möglichst konkret zum Ausdruck zu bringen, und dass es dazu eines Stützvokales, eben jenes *e*, bedurfte, liegt auf der Hand. Die erste Person Singularis *coil, cueil*, sowie der Imperativ *coil, cueil* genügten freilich zunächst dem Bedürfnis nach Einheit vollkommen; wenn beide Formen heute *cueille* lauten, so ist die Anfügung des stummen *e* entweder auf den Einfluss der umgebildeten 2. und 3. Person *cueilles, cueille* zurückzuführen, wie *cueil* wahrscheinlich selber erst eine nach dem Vorbilde von *tu cueilz, il cueill* geschaffene Neubildung für **colc = colligo* ist (s. Suchier in Gröbers Grundriss I S. 608), oder die heutige Form trat ohne weiteres an die Stelle der späteren auch ihrerseits unter Einwirkung der 2. u.

3. Person entstandenen Gebilde *je queux, je cueilx*, Palsgrave S. 560; vergl. über derartige Erscheinungen meine Andeutungen in Herr. Arch. 83, S. 469—70.

Ist die für *cueille, saille, faille, bouille* gegebene Erklärung richtig, so stehe ich nicht an, dieselbe auch für die reformierten Futura *cueillerai, saillerai, bouillerai, faillerai* gelten zu lassen. Denn auch im Futurum musste die in Folge strenger Ausübung der Lautgesetze eintretende Verdunkelung des Stammes, besonders nachdem *l* in *u* übergegangen war (*queudrai, saudrai, faudra, boudrai*) oder bei Nichteinschub eines sekundären *d* sich dem *r* der Endung assimiliert hatte (*farra = deerit*, S. Bern. (Le Roux de Lincy) S. 555, *defurra*, eb. S. 561 (oder *a* für *au*? s. Bröhan S. 71)), von einer Sprache, die, wie das Französische, es sich so sehr angelegen sein lässt, die durch rein mechanisch wirkende Ursachen hervorgebrachten Unebenheiten durch Anbildung zu beseitigen, als besonders unangenehm empfunden werden. Mit der Wiederherstellung des Stammes *cueil, sail, fail, bouil* im Futurum war aber, wie ohne weiteres ersichtlich, auch die Notwendigkeit der Einführung eines stützenden *e* gegeben. So entstanden also *cueillerai, saillerai, faillerai, bouillerai*, ebenso wie die entsprechenden Praesentia *cueille, saille, faille, bouille* gewiss ohne jede Rücksicht auf Annäherung an die erste Konjugation. Zugestanden darf nur werden, dass durch die soeben geschilderten Neuerungen ein Teil der Formen der in Rede stehenden Zeitwörter den Anschein gewann, als wenn sie zur Konjugation auf -*er* gehörten, und es ist mir nicht zweifelhaft, dass erst durch das verführerische Aeussere jener Neuschöpfungen die Sprache veranlasst wurde, auch den Infinitiv und die Perfectgruppe in dem Sinne der ersten Konjugation umzubilden. Wenn Vaugelas II 260 sagt: „*quand on disoit cueiller et recueiller, on disoit (et il falloit dire aussi) cueillera et recueillera*", so macht er sich damit offenbar zum Vertreter und Interpreten jenes irregeleiteten Sprachgefühles, welches Formen schuf wie die folgenden: *acuilla*, H. Cap. SS. 64, 90 (neben *acuilly*, S. 118), *aqueillierent*, Bast. Buill. 599, *aqueilla*, eb. 1014, *quoilla : repassa*, eb. 3652 (neben *aquoeilli*, eb. 5627), *queillei : baillai*, Ph. de Vitry (Tarbé) S. 86, *acqueilla*, Froiss. Chron. (Luce) I 100, 18, *acueillierent*, eb. I 190, 6,

cueilla, I 154, 23, cueillierent, I 190, 4, recueillierent, I 192, 29;
die Participia: queilliet, I 167, 3, recueilliet, I 96, 20, acueilliet,
II 57, 18, recueillerent : vollerent, Greban 12673, cueilla : assembla,
eb. 20021 (neben cueillirent : murmurirent, eb. 20049—50), cueil-
lerent, Jean Lemaire, Illustr. Gaule liv. I ch. XXIII, recueillerent, Rab. Pant. liv. III ch. XVII (neben Part. recueillies, und
perf. cuilly, eb. liv. III ch. XVIII); ferner je cueillay, Bartsch,
Franz. Volkslieder des 16. Jahrh. (Hs. 17. Jahrh.), Ztschr. f.
R. Phil. S. 523, 4, cueillay : trois (16. Jahrh.), Herr. Arch. 64, S. 230,
part. cueillé, eb. S. 230, und im modernen Normannisch cueilla,
Chans. pop. rec. en Octobre 1876 à Fontenay-Le-Marmion, arrond.
de Caën, Rom. X S. 385, XXX; ferner die Infinitive: queillier :
apaisier, Baud. Seb. XVI, 71, quoillier, Bast. Buill. 2522, 3636,
acueillier, Froiss. Chron. (Luce) I 191, 10, cueiller, Bartsch, Franz.
Volksl. a. a. O. S. 527, 10; 543, 26, coeuillier, eb. S. 529, 12;
549, 31 (neben coeullir, eb. S. 530, 13), cueiller (16. Jahrh.), Herr.
Arch. 64, SS. 232, 236; assaillierent, Villeh. ed. Du Cange in
Hist. de l'Empire de Constantinople S. 38 (recueillerent, eb.
SS. 45, 58), assaillast, Macault, Apophthegmes, Paris 1551, S. 79v.

Die Geneigtheit der Sprache, die Herrschaft des Verbal-
stammes, so wie er in den mit vokalisch anlautender Endung
versehenen Formen der Praesensgruppe, also durch keinerlei
lautliche Veränderungen hinsichtlich seines konsonantischen
Auslautes beeinträchtigt[1]), vorlag, über alle Formen und
insbesondere über das Futurum auszudehnen, hat in volkstümlicher, und zuweilen auch in höherer Rede, auch auf
dem Gebiete anderer Konjugationen zu sekundären Futur-
bildungen Anlass gegeben, die den soeben erwähnten völlig
gleichartig sein dürften. Vor cousera, „comme quelques-uns le
disent" und welches auch der allerdings durchaus unzuver-
lässige englische Verfasser des Donat français (s. Zs. f. Nfrz.
Spr. u. Liter. t. I S. 35) einst lehrte, für coudra warnt die

---

[1]) Vielleicht haben auch die von Scheler, Trouv. Belges I S. 331—2
angeführten Praesentia demente für dement, veste für vest, denen ich
consente für consent : pulente, Deu le Omnipotent 8b, isse = ist, Prosa-
Cliges S. 331, 4 hinzufüge, gar nichts mit der ersten Konjugation zu schaffen,
sondern verdanken ihr Dasein dem Bemühen, durch Anfügung eines sonst
indifferenten e den Stamm gegen die zersetzende Wirkung lautlicher Vorgänge zu schützen.

Gram. d. Gram. (ed. 1867) S. 559; *doulera* von *douloir*, Palsgrave S. 420; *touleray* von *tollir*, eb. S. 747 ist vielleicht unter Einfluss von *extoller* geschaffen (vergl. *extollée* : *precellée*, Mist. V. Test. 14104, *extollé*, Jean Lemaire, Ill. Gaule liv. I ch. XXIV); *je diserais* = *dirai* erklingt in Centralfrankreich, Jaubert, Gloss. du Centre d. l. France I S. 345; zweifelhaft ist *taiseras*, eb. II S. 347 (vergl. *e li comanda qu'il se taisast* (2 mal), Serm. Poit. S. 52; *tayser* : *appaiser*, Montaiglon et Rothschild, Recueil d. poés. frç. t. XI S. 121; *taisées*, Oliv. d. l. Marche, Mém. t. II S. 162); doch gehört hierher das dem älteren Pariser Dialekt angehörige *je comparoisserions*, Vadé ed. Lecocq S. 124 u. Nisard, Étude sur le lang. pop. ou patois de Paris etc., S. 248; *j'allerai* für *j'irai* begegnet nach Jaubert a. a. O. I S. 64 fast nur in der Kindersprache; vergl. dazu *préalleroit* aus den Mém. d. Ph. de Hurges (a. 1610) bei Godefroy, fasc. 55 S. 366; *ponheroie* = *poindroie* Ztschr. f. R. Phil. III S. 305.[1]) Ihnen schliessen sich als gleichgeartet eine Reihe von Fällen an, in denen nach Ausfall intervokalischer Dentalis hiatustilgendes *y* (*i*) zwischen Verbalstamm und Endung trat und die nun den auf solche Weise erweiterten Stamm auch im Futurum zu unrechtmässiger Geltung bringen. Das von Vaugelas (Chassang) II S. 321 gebilligte aus *seyons* geflossene *seiera* (von *seoir*), in der Wendung *cela vous seiera bien*, welches in dem noch von der Gram. d. Gram. (ed. 1867) S. 541 neben *assiérai* zugelassenen *asseyerai* wiederklingt, wird von Ménage und Th. Corneille (zu Vaugelas II S. 323) verworfen zu Gunsten von *siéroit*, einem Gebilde, welches, an die stammbetonten Formen des Praesens angelehnt, im Grunde nicht weniger bedenklich war; doch mochten die Sprachverbesserer, nur zu sehr geneigt, das *e* in derartigen Bildungen als ein Zeichen des in vulgärer Sprache häufigen und oft getadelten Uebertritts zu I aufzufassen, in *siérai* eine Form sehen, die dem Wesen der Zeitwörter auf -*oir* besser entsprach. Ein gleiches Verhalten beobachten zuweilen die Futura von folgenden Zeitwörtern auf -*ir*: *oïr* : *oyerait*, Psaut. Metz. S. 157, 19; vergl. auch „*vous oyerez chanter la messe* ....", Dialogue .... de deux Marchands, Lyon 1573, bei Éd. Fournier, Variétés Histo-

---

[1]) Diese Form weist nach Gröber a. a. O. auf provenzalische Nachbarschaft.

riques et Littéraires .... t. 1 S. 79, Inf. *ouir*, ch.; *hair* : *hayerai*, Palsgr. S. 579; *hayerey*, Donat franç. a. a. O. S. 35; vergl. auch *haeroit* aus einer Urkunde v. J. 1370 bei Godefroy fasc. 58, S. 607 s. v. *rasctter*; *joir*: *Ne dan lhuge del Chastel ne s'en joïra mie*, wo Ms. Linsoln *joiera* hat, Jord. Fantosme in Chron. D. Norm. t. III S. 572 v. 1063, *Que ja ne yoiera quatre mois acomplis De Ludie* ...., Bast. Buill. 4527, *joueres*, Mén. Reims. Ms. F. S. 6, 10, *joyerez*, Pet. Plet. (O) 167, 3 und *joieret*, Ezechiel 105, 14 bei Bröhan S. 83; *Ne goyeront alcunement des chouzes* ...., Stavelot S. 278. Zu beachten bleibt, dass Scheler, Bast. Buill. S. 291 an die Existenz eines Infinitivs *goier* (dafür ein Beispiel bei Godefroy t. IV S. 648 aus dem Jahre 1406) glaubt und den Indikativ *fourgoe* = *fourgoïst* (Baud. Seb. I 170) nachweist; *fuir* : *fuierunt*, Cambr. Ps. Hs. A 63, 8 (Bröhan S. 72); *ruire* : *Li jones lyoncelz* (sic!) *ruigeront*, Psaut. Metz S. 292, 23; *foir* = *fodere* : *Enfuerunt en aitres de mustiers*, Roland 1750, wo Gautier gloss. s. v. mit Unrecht die viel spätere Form *enfuirunt* in den Text setzte, gehört ebenfalls hierher. Desgleichen *puera* von *puir* = *putere*, falls es wirlich dreisilbig gesprochen wurde: *Plus puera ke farcin ne ke autre coture* in dem metrisch sehr rätselhaften Ms. Lambeth Palace No. 522, Herr. Archiv. Bd. 63, S. 88, v. 550; auch Palsgrave S. 736 kennt ein *pueray* neben *je pus*, *que je pue*, und wenn nach Godefroy fasc. 56, S. 460 die Ausgabe des Dictionnaire de Trévoux vom Jahre 1740 (1704?) noch *je pus, tu pus, il put* empfiehlt, so möchte man Bedenken tragen, der bei Darmesteter u. Hatzf., Le 16e siècle en France (1887), prem. part. S. 244 anzutreffenden Aufstellung, dass das im 16. Jahrh. neben *purai, puirai* (dreisilbig?), *je pu* (sic!), *tu pus, il put* begegnende *puerai* als ein Anzeichen für beginnenden Konjugationswechsel zu gelten habe, beizustimmen. Erst die Grammatiker Danet (1640—1709), Furetière (1620—1688), Richelet (1631—1698) erkennen, wie Godefroy a. a. O. bemerkt, *puer* neben *puir* an, und Godefroy t. III S. 76 thut deshalb nicht wohl daran, wenn er aus dem Imperfectum *empuoient* (anno 1403) und *empuoit* (noch älter) einen Infinitiv *empuer* = *empuantir, être empuanti* erschliesst. Furetière und Richelet lassen übrigens das Praesens *je pue* u. s. w. noch nicht zu (s. Littré s. v.); doch vergl. *Barbe qui pue comme ravine* (17. Jahrh.), Var. hist. litt. t. IV S. 318. Ist *puer* demnach eine

Abstraction aus *pueray*, die zunächst ohne Einfluss auf die sonstige Gestaltung des Zeitwortes blieb? Auf einer Stufe mit *pueray* stehen: *concluëray*, Mém. du Maréchal de Boucicant in der Collection univ. des Mém. partic. relat. à l'hist. de France t. VI (1795) S. 407 (15. Jahrh.); *conclueray*, Palsgrave S. 493; *concluera* (a. 1634), Var. hist. litt. t. II S. 355, und noch in dem 1847 erschienenen dritten Bande von Vaublanc, La France aux temps des Croisades S. 198 liest man: *on n'en concluera pas*; *rieray* von *rire*, Palsgr. S. 604.

Das Trachten des Futurums nach Anschluss an die Verhältnisse des Praesens bekundet sich übrigens noch in einem anders gearteten Vorgange. Das Futurum einiger Zeitwörter suchte sich nämlich auch insofern mit dem Praesens in Einvernehmen zu setzen, als es den in den stammbetonten Praesensformen zu Recht bestehenden Diphthongen, der, wie man weiss, auch sonst gern in endungbetonte Formen eindrang, an die Stelle des ihm ursprünglich zukommenden einfachen Lautes zu setzen sich nicht scheute. Ausser früh und häufig auftretenden *cueldrai, cueudrai, viendrai, tiendrai* (s. Behrens, Unorganische Lautvertretung S. 16 ff., Bröhan S. 81; vergl. auch *tienera*, Bröhan S. 81); *fierrai* von *férir*, G. Coinsy, Herr. Arch. Bd. 67, S. 265, 191, Psaut. Metz S. 432, 57; *requierrunt*, Lib. Psalm. App. CIV, 44; *acquierras*, La Fontaine des Amoureux (anno 1413) in Rose (Méon), v. 433 (vergl. auch Behrens, Unorgan. Lautvertretung S. 8); ferner *euvrerais = ouvriras*, Psaut. Metz S. 150, 16 neben *euvrir*, eb. S. 217, 2, *aeuverte*, eb. S. 302, 18, *euverte*, eb. S. 353, 31, *euvreiz*, S. 324, 19; *muerrait = mourra*, Psaut. Metz S. 123, 5, *muerrai*, eb. S. 324, 17, *muerreiz*, eb. Ms. 9572, S. 237, 7 (im Text *morreis*), wozu man *muerir*, Veng. Rag. 5622 und *moerut*, Jubinal, Notes et Éclaircissements zu Rutebeuf t. II S. 411 sowie Behrens a. a. O. S. 9 vergleichen kann, denke ich hier besonders an die sekundären Bildungen *oirai* und *hairai*, deren von Bröhan S. 75 nicht festgestellte Zweisilbigkeit keinem Zweifel mehr begegnen wird, wenn man folgende Beispiele vergleicht: *Maistre Jan, il vous oira bien*, Remy Belleau, La Reconnue, Anc. Théat. IV 429, *oiront*, eb. IV 394, *Et quant mon trépas dire oirez* (16. Jahrh.), Mont. et Rothsch., Rec. d. Poés. frç. t. X S. 135; *Vous n'oirez point des chants plus beaux* (a. 1641), Var. hist. litt. t. VII S. 220; *Cest ort chemin hideux hairas*, Jean

Bruyant, Chemin de Pauvreté et de Richesse, im Mén. Par.
t. II S. 20, *Si le hayt et hayra des or*, R. Rose, ed. Amsterdam
1735, v. 11277 (= Méon 10739 *hara*); das bei Palsgrave S. 579
stehende *herrai* finde ich wieder in *herra*, Galien (Stengel)
S. 209, 27 (Ms. 1470 (Prosa): *hairra*) und mit nicht geminiertem *r*
in: *Tu la heras legierement*, Rom. Amor. 727 (14.—15. Jahrh.), wo
der Cod. Venetus *hairas* schreibt, s. ed. Körting S. 96. Ebenso
beurteile ich ausser den bei Bröhan a. a. O. mitgeteilten Beispielen folgende ebenfalls in Prosatexten begegnenden Gebilde:
oiroit, Mém. Mar. Boucicaut S. 47 (Anfang des 15. Jahrh.);
oiront, eb. S. 268; *oyront*, Mém. Oliv. de la Marche t. II S. 380;
oyroit, Rab. Garg. liv. I ch. XVIII; *oiray*, Rab. Pant. liv. III
ch. XXVIII; *oirez*, eb. liv. III ch. XXXII; *oyra*, liv. IV Prologue
und so noch heute neben *orrai* im style marotique; *heira*, Honnouré Bonet, L'Arbre des Batailles, Herr. Arch. Bd. 67, S. 66.
Die Erklärung dieser Erscheinung sehe ich, wie schon angedeutet, in einer Annäherung des Futurums an die stammbetonten Formen des Praesens: von *oi* = audis, *oient* = audiunt,
oie = audiam, *oies* = audias u. s. w. wurde ursprüngliches *os*
= audis, *ot* = audit beeinflusst, vergl. *oit* : *droit*, Rich. Biaus
4027; *oyt* : *ordonnoit*, Cl. Marot, Darmst. Hatzf. (1887) 2e part.
S. 188; von *haz* (: *braz*, Mont. Fabl. I 103) gelangte man zu
haic, Fl. Blanch. 784 und *hai*, Mort. Garin S. 49, *hay*, Galien
(Guer. Dr.) S. 81 wie von *faz* zu *faic, fai*; durch Einfluss von
hes, het, heent entwickelte sich *je he*, Enf. Og. 7428, : *plenté*,
Mätzner, Altfrz. Lied. II 7, Ch. d'Orléans 8; *je hes*, Greban 4018
und der häufige Konjunktiv *hee* für *hace*, wie denn umgekehrt
der ersten Person *hai* zu Liebe, die andern stammbetonten
Formen des Praesens ihr geschlossenes *e* zu Gunsten von *ai* aufgaben; s. *hait* für *het*, Mort. Garin S. 202, Honnouré Bonet,
L'Arbre d. Bat., Herr. Arch. Bd. 67, S. 188; *hayt*, Rose, ed. Amsterdam 1735, v. 11277; *hayent* = heent, L'Arbre d. Bat. a. a. O.
S. 196; *haient*, Galien Ms. 1470, S. 6. Beispiele für das gleiche
Verhalten der Sprache in der Entwicklung des Futurums von
Zeitwörtern anderer Konjugationen habe ich zusammengestellt
in Herrigs Archiv Bd. 79, S. 361 und Bd. 83, S. 469; dieselben werden hier um eine beträchtliche Anzahl weiterer
Fälle vermehrt noch einmal vorgeführt: *doinray = donrai*, Mir.
N. D. VII S. 348, v. 1005; neben häufigem lothringischem

moinrai oder *moenrai* steht *meinroie*, Claris 9039; *je remaineré*, Mist. V. Test. 20392; *emmeinera*, eb. impr. C 17808 (im Text: *menera*), (perf. *ameina*, Galien (Gal. Dr.) S. 57); *lievera*, Greban 30702; *relievera*, eb. 7928; *relieveront*, eb. 16751; *eslieueray*, Palsgr. S. 611; *grieueroit* gebraucht Claude Fauchet, Recueil de l'Orig. et de la Langue et Poés. franç. S. 191; *treuveront*, Doc. relat. aux Crois., Cygne t. I S. 346 und bei Jehan Torzelo, Cygne t. II SS. 542, 550, 551, 553, neben dem auch von Vaugelas t. I S. 229 nicht ganz verworfenen Infinitiv *treuver*, Mist. V. Test. impr. B 16512, Ch. d'Orl. S. 67, Heptaméron (ed. Jacob) S. 219, Hist. d'une Courtisane (a. 1608) in Var. Hist. et Litt. t. I S. 51; *treuva*, eb.[1]); *doiveroit*, *recoiveront*, Doc. rel. aux Crois., Cyne t. I S. 384; *doyvera* (a. 1417) bei Godefroy t. VI S. 679; *doirai* oder *doivrais*, Jaubert, Gloss. t. II S. 522, womit man *doibvans*, Rab. Pant. liv. III ch. 4; *doibviez*, eb. lib. IV ch. 8; *reçoivoyent*, Rose, ed. Amsterdam 1735, v. 12030 vergleichen kann; *peurrai* = *pourrai*, Jaubert, Gloss. du Centre t. II S. 168 neben *peuvons*, *peuvais*, eb. t. II S. 168 und *que je peuve*, eb. t. II S. 207; *veuldront*, Griseldisdrama (ed. Groeneveld) v. 6; *dieudront* (im Text: *diendront*) von *douloir* bei Jubinal, Rutteb. I 474; *dieura*, eb. I 475; *deuldra*, Chr. de Pisan, Long Est. 4726; *deulra*, Remed. Amor. 483; *deudroient*, Dit. de Guill. d'Angl. S. 187; *deurrai*, Darmst. Hatzf. Le XVIe siècle (1887) prem. part. S. 243; *sceront* = *sauront*, Honnouré Bonet, L'Arbre des Batailles in Herr. Arch. Bd. 67, S. 56; *scayra*, Mist. V. Test.

---

[1]) Absichtlich lasse ich bei Seite Fälle wie: *pleuvera*, Mist. V. Test. 5737 für *plovera* neben *pleuvoit*, Mém. Oliv. d. l. Marche t. II S. 11; *peineront*, Greban 8407 neben *peina*, Ysop. I 44 (Robert II 431); *peinons*, Mist. V. Test. impr. G. t. III S. 59; *peinerent*, Chron. Loys Bourb. S. 172; *peiner*, Mém. Mar. Boucic. SS. 207, 237; part. *peinez*, eb. S. 206; *peina*, eb. S. 221 (mit der von Behrens versuchten Deutung solcher Gebilde (s. Unorgan. Lautvertr. S. 52) vermag ich mich nicht einverstanden zu erklären); *poisera*, Galï'en 308, 42; 361, 42; Amadis liv. VIII (a. 1548) f° 29ᵛ; Jean le Maire, La Description du temple de Venus, C, III b neben *poisast*, Est. Pasquier bei Darmst. Hatzf. (1887) 2e part. S. 143; *poisant*, Chron. Loys Bourb. S. 152 u. a. m. Denn hier können die Substantiva *pleuve* (vergl. *plueve*, Alix. Ms. B. N. 789 ed. P. Meyer v. 133; R. d'Alix. (Michelant) S. 146, 26; Romvart S. 451, 20 (vergl. auch: *il n'y pluyra pluye*, *n'y luyra lumiere*, Rab. Pant. liv. III ch. 3; *pluit* = *pleut*, Alix. Ms. de Venise v. 995); *peine*, *poi(d)s* den Vokalwechsel verschuldet haben.

10198, 10417; *scairoit*, cb. 11728; *scayray*, Anc. Th. t. I S. 361; *perra* für *parra* von *paroir*, Greban 15168, Mém. Oliv. d. l. Marche t. II S. 251; *apperra*, Vieille S. 10; Mém. Oliv. d. l. Marche t. II S. 323 neben *aperoir*, cb. t. II S. 211; *apperay*, Palsgr. S. 104 [1]); *voirray*, Mist. V. Test. 1567, 1643, 13150 u. s. w.;

[1]) Innerhalb dieses Rahmens betrachtet, scheint die von Behrens, Unorgan. Lautvertr. S. 5-6 in Zweifel gezogene Annahme analogischer Uebertragung in dem fut. *perrai*, *apperrai* doch den Vorzug grösserer Wahrscheinlichkeit und Natürlichkeit beanspruchen zu dürfen. Ueberhaupt ist es vonnöten, vor endgiltiger Entscheidung der Frage jedes der einschlägigen Denkmäler einzeln für sich darauf hin zu prüfen, ob und in wie weit in ihm die Neigung sichtbar wird, in lautlich genau analogen Fällen den gleichen Wandel von *a* zu *e* eintreten zu lassen. Bei dieser Gelegenheit seien denn auch die Bedenken geäussert, die sich mir gegen die von Behrens a. a. O. angestrebte rein phonetische Deutung der Praesensform *part* für *pert* aufgedrängt haben. Behufs richtiger Würdigung des Vorganges war es erforderlich, nicht blos bei dem sing. praes. ind., wie Behrens thut, stehen zu bleiben, sondern auch die übrigen stammbetonten Formen in Betracht zu ziehen. Denn der in Rede stehende Wandel von *e* zu *a* findet, abgesehen von dem anderweitiger Deutung unterliegenden Uebergange der Perfektendung *-erent* zu *-arent*, nur vor *r*+Kons. statt, wie auch durch die zahlreichen Beispiele bei Behrens von neuem bewiesen wird. Sehen wir nun nichtsdestoweniger auch in den Formen mit reinem *r*, also in *pere*, *perent*, die Bereitwilligkeit des *e*, sich durch *a* verdrängen zu lassen, so wird man die Notwendigkeit einer abweichenden Erklärung zunächst wenigstens für die so gestalteten Formen zugeben müssen. Beispiele: · die in der Méon'schen Ausgabe des Rosenromans stehenden Reime *perent* (schmücken) : *perent*, 8944—5; *aperent* : *perent*, 12134—5 werden in dem 1735 zu Amsterdam erschienenen Abdruck einer späteren Hs. ersetzt durch *parent* : *apparent*, 9332—3; *apparent* : *parent*, 12653—4; auch im Versinnern stehendes *aperent*, Rose (Méon) 20528 lautet hier *apparent* v. 21242. In der Turiner Hs. des Rom. de Florimont heisst es f⁰ 23ᵈ: *Del uentre i parent li buel* für den übrigen Hss. eigenes *perent*. Auch auf das bei Rab. Pant. liv. III ch. 24 zu lesende *disparent* von spät auftretendem *disparoir* sei verwiesen. Ein weiterer von Behrens a. a. O. bestrittener Umstand verdient hier Erwähnung; auch *arer* = *arer* hat, bevor es aus der Reihe der lebenden Wörter schied, an Stelle von regelrechtem *ere* = *arat*, Ph. Mousk. 10031; *erent* = *arant* u. s. w. Formen mit *a* entwickelt: *arent*, Rose (Méon) 19877 (ed. 1735 v. 20583); *arent*, Ysopet I, LV (Robert t. I S. 298); *are*, Ysopet I 45 (Robert t. II S. 493). Liegt in all diesen Fällen Analogie zu den endungbetonten Formen vor, so wächst damit die Wahrscheinlichkeit der gleichen Provenienz des *a* in *part*. Dieselbe springt noch mehr in die Augen, wenn man das Verhalten der in ziemlich junger Hs. überlieferten Mort Garin beobachtet. Hier steht *part*, S. 119 und *apart*, S. 120 neben *pert* von *perdre*, S. 57; *perce*, S. 75; *vert*

voirra = verra, Ronsard, ed. Blanchemain t. III S. 49; *voirrai*, eb. t. III S. 149; *voirras*, eb. t. III S. 79; *voirroit*, C. Nouv. t. I S. 257; *voirras*, Anc. Théat. t. III S. 99; *voirai(-ay)*, Vadé (Lecocq) SS. 112, 116, 120; *revoirons*, Chans. pop. rec. en octobre 1876 à Fontenay-le-Marmion (arrond. Caën) in Rom. X S. 368, IV; Rob. Stephanus conjugirt: *Je Voiray, tu Voiras, il Voira; ie Voiroye . . . . . aut ut alii scribunt ie Verroye . . . .*, Gram. Gall. S. 50; über den Gebrauch der Patois s. Behrens, Unorgan. Lautvertretung S. 20; modernes *pourvoirai* finde ich als die gewöhnliche Form bereits im Mist. V. Test. und bei Greban z. B. 2107, während das erste Denkmal neben einfachem *voirrai* ebenso häufig *verrai* kennt, eine Form, die letzterer ausschliesslich anwendet; vergl. ferner: *pourvoiray*, Mélusine (ed. Brunet) S. 169; *pourvoyray*, Anc. Théat. t. IV S. 286; *pourvoirray*, Amadis liv. V f⁰ 34v; *chierras* für *cherras* von *cheoir*, La Tour de Landry SS. 74, 76; die frühen Zeugen für neufranz. *assiérai* finde ich in: *assierrons*, Mist. V. Test. 610 (*serront*, eb. 18363; *sierroit*, Macault, Apophthegmes (a. 1551) S. 121b; *sierra*, eb. S. 123b¹); damit ist zusammenzuhalten das

---

S. 95; *apers = apertus*, S. 168; *hesbergent*, S. 182, in unbetonter Silbe allerdings auch einmal *pardirent*, S. 99. Die Hs. C des Mistère du Viel Testament bekundet keineswegs die Neigung *a* für *e* eintreten zu lassen, sondern bevorzugt *e* auch da, wo *a* sonst viel gewöhnlicher ist: so schreibt sie *perfaire*, 9400; *perfaicte*, 8440, 8517; *perfaict*, 8648, 9511; *pervenir*, 10891; *appertient*, 4006, 9287, 11951; *espergner*, 1350, 8231; *espergnons*, 8115; *espergnez*, 10847, 13506, und setzt doch freilich in der Betonung verschiedenes *apart*, t. I S. 244, wo, was gleicherweise von Bedeutung ist, der von Rothschild veröffentlichte Text, seiner sonst durchgängig bemerkbar werdenden Vorliebe für *a* zuwider, *apert* setzt, welches denn natürlich da, wo es mit *descouvert* reimt 6399, auch in Ms. C unangetastet bleibt.

¹) In den parallelen Bildungen *soirai, choirai*, ist der Sachverhalt insofern ein anderer, als hier wahrscheinlich die durch die Synkope des vortonigen *e* eintretende Verkürzung der Infinitive *seoir, cheoir* zu *soir*, Mir. N. D. IV S. 177, v. 770, Prosa-Cliges SS. 296, 310; *assoir*, eb. S. 297, Chans. Hug. liv. I S. 92, 7; *choir*, a. 1494, Godefroy VII 162 den ersten Anstoss zu der gedachten Umbildung gab. Dieselbe Erscheinung liegt ja auch in der Praesensgruppe vor und hier dürfte besonders das Vorbild von *voir* für *veoir* ausschlaggebend gewesen sein. Der Fortschritt von *serrai, cherrai* zu *soi(r)rai, choi(r)rai* entspricht dann dem Wandel von *verrai* zu *voi(r)rai*. Frühe Beispiele sind: *soirra* (gegen 1530), Mont. Rothschild, Rec. de Poés. franç. t. XI S. 182; *sursoira* (a.

von Chapelain, den Vaugelas t. II S. 345 „*un des plus grands génies de notre langue*" nennt, vorgeschlagene *s'assieioient* (s. Vaugelas t. I S. 274. Es ist hier ferner zu nennen *boirai*, Rons. ed. Blanchemain t. III S. 49; *boirez*, Anc. Théat. t. II S. 384; *boyray* neben *buray*, Palsgr. S. 529; *boiroyent*, Palissy S. 299; oder dialektisches *boivrait*, Rimes inéd. en pat. perch. rec. et p. p. Ach. Genty, Paris 1861, S. 54 neben bereits in alter Zeit häufigem *croirai*; mit *croyons* auf gleicher Stufe steht: *boivanz*, Dial. Greg. 253, 22 (s. Behrens a. a. O. S. 19); *beiveit*, Mont S. Mich. 2167 (Behrens a. a. O.); *boivant*, Ronsard t. III S. 80; *boivoit*, eb. t. VII S. 274—5 dreimal; in modernen Mundarten: *boivomm's a p'tits coups, Mais boivomm's toujous*, Rimes inéd. en pat. perch. rec. et p. p. Ach. Genty S. 54; ferner Behrens a. a. O. (vergl. auch die Nomina: *boivarde*, Ronsard t. III S. 166; *boivable*, Jaubert, Gloss. du Centre t. II S. 476). Eine wohl nur graphische Annäherung an die Schreibweise des Praesensstammes ist anzunehmen in *fairai* für *ferai*, Gar. Loh. SS. 1, 4, 5 u. stets; *fairay*, Anc. Théat. III 154; *fairont*, Montaiglon et Rothschild, Rec. de Poés. franç. t. VI S. 29.

Kehren wir nunmehr zu dem unorganischen *e* im Futurum von Zeitwörtern der zweiten Konjugation zurück. In diesen Zusammenhang gehört auch der seit dem 14. Jahrhundert bemerkbar werdende Einschub eines *e* in die Futura von *mourir, quérir* und *courir*, alt *querre* und *corre*, der also eine Lösung der in der alten Sprache so sehr beliebten engen Verbindung von stammhaftem und Endungs-*r* zu bedeuten scheint. Beispiele: *mourerei* im Donat français, Ztschr. f. Nfrz. Spr. u. Lit. I 36 ist nicht „*ghost word*", wie die Zeile: *Ou je moreray en mer pour li*, Ph. de Vitry (Tarbé) S. 50 beweist; im Prosaroman von Joseph von Arimathia (Weidner) S. 36, 324 fügt die dem 15. Jahrhundert angehörige Hs. F (B. N. 1469 cf. Weidner S. III) zu den Worten: *tu m'aideroies*

1743), Var. hist. litt. t. I S. 361, welches nach Behrens a. a. O. S. 15 bereits um ein Jahrhundert früher von Richelet (1631—1698) erwähnt wird; *eschoira*, Jean le Maire, Illustr. Gaule, liv. III, f° LVII^r neben *poursoient* (a. 1312) bei Godefroy t. VI S. 308; *soiez*, Mir. N. D. IV S. 177, v. 772; Anc. Théat. t. III SS. 131, 140; *assoys*, Palsgr. 713; *dechois, eschois*, eb. 544; *assoie*, Th. Corn. zu Vaug. I 274. Die auf der Schreibung des Inf. *seoir, cheoir* beruhenden Praesensformen *seoys*, Palsgr. 719, *cheoys*, eb. 544 finden sich noch heute, z. B. *asscois*, Zola, Assomm. XI 335 (illustr. Ausg.).

hinzu: *et secoureroys* (sic!); *discurreround* (anglon.), Roquefort s. v. *Discurir* und Burguy I S. 327; *secourreray* (sic!), Galien Ms. 1470 S. 287; *je secoureray*, Mém. Mar. Boucic. S. 380; *encoureroient leur ire*, eb. S. 347; *il encorera la peine* ... (anno 1628) Var. hist. et littér. ed. É. Fournier t. VIII S. 314; *encoureront* (anno 1568), eb. t. I S. 271; *encourerons* (anno 1622), eb. t. VII S. 257; *courera*, eb. t. VII S. 7 (a. 1620); *requerreront*, im Dialekt von Île de France, Metzke, Herr. Arch. Bd. 65 S. 89; *requereroient*, Stavelot S. 38 (*querir*, eb. S. 19); *requereront* aus einer Urkunde v. J. 1610 bei Godefroy, fasc. 55, S. 366 s. v. *préaller*; *acquererez*, Var. hist. litt. t. II S. 362; vergleiche auch: *aparereit*, Hs. C des Computus 2564 (Bröhan S. 54—55). Ich halte es für möglich, dass diesem *e* ursprünglich nur die Bedeutung eines orthographischen Zeichens für die zweigipflige Aussprache des geminierten *r* zuzuerkennen ist. Dafür spricht auch die Mitteilung des Th. Corneille zu Vaugelas I 401, dass die Neigung bestünde, *je secourerai*, *il discourera* zu schreiben(!), *quoiqu'en parlant on ne fasse ces futurs que de trois syllabes*. Der Schriftsprache war nämlich daran gelegen, dem schon seit früher Zeit drohenden Zusammenfall von *rr* und *r* ganz besonders energisch da entgegen zu treten, wo die klare Unterscheidung von sonst gleichlautenden Verbalformen beim etwaigen Eintreten desselben in Gefahr geraten wäre. Beza, De franc. ling. recta pronuntiatione (ed. Tobler, Berlin 1868) dringt noch darauf, dass die Gemination überall gewahrt bleibe (s. unten); doch verzichtete hinfort (s. Koschwitz, Gramm. d. Neufranz. Schriftspr., Oppeln 1889, S. 95) die Sprache überall auf die doppelgipflige Aussprache des *rr* und hielt, ausser in einigen Lehnwörtern, sie nur noch fest im Futurum von *courir*, *mourir* und *quérir*, um so *courons*, *mourons*, *quérons* von *courrons mourrons*, *querrons* (hier ist *rr* zugleich orthographishes Zeichen für die offene Lautung des *e*) unterscheiden zu können. — Bei dem Bemühen indessen, einer Forderung, wie sie z. B. von Beza a. a. O. S. 37 ausgesprochen wird, dass das *r* „*quum geminatur, fortiter est efferenda, una quidem priorem syllabam finiente, altera vero sequentem inchoante, ut barre, beurre, courre, errer, ferrer, fourrer, quarre, verre*", mit möglichstem Nachdrucke zu genügen, konnte sich leicht ein vokalischer Nebenlaut zwischen den beiden *r* ergeben und zu syllabischer Geltung gelangen. Eine solche kann zwar aus den mir zu Gebote stehenden Beispielen nicht erschlossen werden und liegt auch nicht in dem *aparereit* des Computus oder dem *moreray* bei Ph. de Vitry vor, scheint aber doch hervorzugehen aus einer der soeben mitgeteilten Bemerkung des Th. Corneille zu Vaugelas I S. 401 unmittelbar vorangehenden Aeusserung desselben Grammatikers: *J'entens souvent demander, si au futur de courir il faut dire* (!) *je courerai ou je courrai"*, und zwar trennt Thom. Corneille diese Fragesteller ausdrücklich von solchen, die nur die viersilbige Schreibung *secourerai* neben dreisilbiger Aussprache anerkennen. — Neben dieser Rücksicht auf die scharfe und deutliche Artikulation des geminierten *r* kann aber noch ein anderer, nicht minder mächtiger Impuls die Einschaltung eines *e* in die in Rede stehenden Futurformen gefordert haben, nämlich das Bestreben, den dem *rr* vorangehenden Vokal in seiner Lautung mit dem in der Praesensgruppe, sowie im Infinitiv (*mourir* und neu: *courir, quérir*) in Einklang zu bringen. Allerdings wird sich ein Unterschied in der Quantität oder Qualität des Stammvokales von *courir, je cours, courons, coure, mourir, mourons* einerseits und *courrai, mourrai* andererseits mit wünschenswerter Sicherheit nicht feststellen lassen. Denn wenn auch nach Koschwitz, Gram. d. Nfrz. Schriftsprache S. 114 die Möglichkeit besteht, dass jene Futura ihr gedehntes *ou* aus dem Praesens erhalten haben, sodass damit eine ursprünglich vorhanden gewesene Verschiedenheit zwischen beiden Zeiten erst nachträglich beseitigt worden wäre, so wird doch andrerseits die von Koschwitz a. a. O. gehegte Mutmassung, dass jene Vokaldehnung einer rein phonetischen Wirkung des *r(r)* zu verdanken sei, in der That bestätigt durch folgende bei Beza a. a. O. S. 90 sich findende Angabe: „*Omnis syllaba ante geminatum rr producitur, ut catairre* ⌣—⌣, *catairreux* ⌣——, *ferrer, querre, ferre, pourrir* —⌣, *enterrer* ⌣—⌣". — Ein deutlich zu Gehör kommender Gegensatz in der Lautung des Stammvokales besteht indessen zwischen dem Praesens *nous quérons* mit *ę* und dem Futurum *querrai* mit *ę*, und ich halte es nicht für ausgeschlossen, dass Formen wie *requererons*, analog den anderen oben behandelten Fällen, einer Tendenz ihren Ursprung zu verdanken haben, deren Ziel es war, den in den meisten Formen der Praesensgruppe erklingenden Stammvokal dadurch, dass nach Einschaltung eines *e* zwischen *rr* dieser Konsonantenverbindung ihr phonetischer Einfluss auf letzteren entzogen wurde, auch im Futurum zur Geltung zu bringen.¹) Dieses Trachten nach Gleichheit liess ja auch bei diesem Zeitwort zuweilen den in den betonten Praesensformen stehenden Diphthongen im Futurum zu; vergleiche: *acquierras*, La Fontaine des Amoureux (anno 1413) in Rose, ed. Méon, v. 433; *requierrunt*, Lib. Psalm. Appendix CIV, 44, s. auch Behrens, Unorgan. Lautvertretung S. 8; und daneben mit Trennung des *rr*: *acquierera* aus der Sat. Mén. angemerkt von Darmest. et Hatzf. (1887) prem. part. S. 243.

Es darf hier nicht übergangen werden, dass auch in einer anderen Kategorie von Zeitwörtern auf -*ir*, nämlich in *couvrir, ouvrir, offrir* und *souffrir*, auf dem altfranzösischen Getammtgebiete im Futurum insofern eine Entstellung des Stammes eingetreten war, als das radikale auslautende *r* sich von letzterem losgelöst und infolge von Metathesis sich mit dem *r* der Endung zu einer Lauteinheit verbunden hatte. Aber auch die so entstandenen, bereits in den ältesten Denkmälern bemerkbaren Bildungen *co(u)verrai, o(u)verrai, offerrai, so(u)fferrai* für die regelrechte, doch selbst in den ältesten Zeiten wohl kaum nachzuweisende Entwicklung *co(u)vrerai, o(u)vrerai* u. s. w. mussten im Verlaufe der Sprachentwicklung dem Bedürfnisse nach Wiederherstellung des Stammes in seiner vollen Intaktheit gehorchen und desshalb die Metathesis des *r* wieder rückgängig machen, ein Verfahren, dem übrigens in dem Gegenüber von fast allgemein giltig gewesenen altfranzösischen Futurformen wie: *liverrai*, Brut 585; *recuverrum*, Rol. (Gautier) 3813; *renterra*, M. Brut 2162; *enyverras*, Méon II 178, 151; *overra* von *operare*, Viol. S. 195 (Var.); *repaierres*, Fl. Blanch. 2274, GChin 1974; *juerres*, Perc. 7561; *devoerra*, Brut 7773 und neufranzösischen Bildungen, wie: *livrerai, recouvrerons, rentrera, enivreras, ouvrera, repairerez, jurerez, dévorera* ein durchaus analoges Verhalten in gewissen Zeitwörtern der I. Konjugation zur Seite

---

¹) Diese Deutung kann nur an Wahrscheinlichkeit gewinnen, wenn man bemerkt, dass die Gram. d. Gram. (ed. 1867) I S. 526 jene nach ihr auch von Corneille gebrauchte Form unter der Schreibung *acquérera, acquérerait* vorführt. Trotz der Warnungen der Grammatiker wagte übrigens Hector Malot noch ganz jüngst *acquérerez*, Mondaine S. 220.

steht. Sehe ich recht, so beginnt in den genannten Zeitwörtern auf *-ir* die Rückmetathesis sich zu vollziehen um die Scheide des 13. und 14. Jahrhunderts; die so geschaffenen Neubildungen dauerten bis in das 16. Jahrhundert hinein; vergl. *souffreroie*, Chev. II Esp. 10673 (Förster S. XLV seiner Ausgabe, der, wie wir oben S. 57 anmerkten, *souffrirai* für ursprünglich hält, stellt *souffreroie* zusammen mit *relegion*, eb. 8259, *eleques*, eb. 3914 = *religion, ileques*, sieht also in dem zwischen den beiden *r* stehenden *e* nur eine Abschwächung von *i*; ich kann ihm darin natürlich nicht beistimmen, da die neufranz. Form *souffrirai* zur Zeit des Copisten des Chev. II Esp., der um den Wendepunkt des 13. und 14. Jahrhunderts lebte, schwerlich bereits im Gebrauche war; doch s. u.); *souffreroy*, Ysop. II, X (Robert I S. 61); *souffreray*, Couldrette, Mélusine 3886, 4045; *soufreroit*, H. de Valenc. (de Wailly) 643 (Hs. des 14. Jahrh.?); *souffreroit*, Vieille S. 225; *souffrerez*, Mir. N. D. XXII v. 917; *soufreray*, La Tour de Landry S. 38; *souffreroient*, Chr. de Pisan, Long Est. 407; *souffreras*, Greban 13283; *souffreront*, Gringoire II 247; *suffrera*, Ipomedon 2141; *souffrera*, Galien (Gal. Dr.) SS. 66, 273; Mist. V. Test. 24621, Jub. Mist. II 22, II 123, Ol. d. l. Marche, Mém. t. I S. 210; *souffreroit*, Mont. et Rothsch. Rec. de poés. frç. t. IX S. 126; *souffreroit*, Jean Lemaire, Illustr. Gaule liv. II ch. XV; *souffreray*, derselbe, Légende des Vénitiens ch. III; *couvreront*, Doc. relat. aux. Crois., Cygne I S. 289; *descouvrera*, Am. Yd. 2791; *descouvreroit*, La Tour de Landry S. 281; *descouvreroyent*, eb. S. 288; *couvreras*, Barl. Jos. Drama (Anfang des 15. Jahrh.), s. P. Meyer und Zotenberg S. 391; *recouvrera*, Mist. V. Test. 4005; *offrerai*, bei Bröhan S. 86; *offreray*, Jean Lemaire, Lég. d. Vénitiens ch. III; *ouvrerai*, Mir. N. D. XXVII v. 729; *euvrerais* von *ouvrir*, Psaut. Metz S. 150, 16.

c) Eintritt eines sekundären *i* zwischen Stamm und Endung.

Ein auf den ersten Blick wenigstens durchaus berechtigt erscheinender Einwurf wird unseren Ausführungen über das Wesen des *e* im Futurum von Zeitwörtern auf *-ir* übrigens nicht erspart bleiben, selbst von Seiten derjenigen nicht, die sonst mit dem Erörterten einverstanden sein möchten. Wäre es nämlich der Sprache wirklich um die oben vermuteten Effekte zu thun gewesen, so könnte man fragen, weshalb sie dann erst zu der Aufnahme eines *e* und nicht vielmehr ohne weiteres zu der des so naheliegenden *i* sich entschlossen haben sollte. Derartige Bedenken werden indessen den nicht lange zu beirren vermögen, der erwägt, dass es sich hier ausnahmslos um Zeitwörter sogenannter reiner Bildung handelt, also um sprachliche Existenzen, die nicht von vornherein mit aller Entschiedenheit die Neigung bekundeten, sich in jeder ihrer Formen dem durch die Mehrzahl der Zeitwörter auf *-ir* vertretenen Kanon anzuschliessen. Innerhalb ihres Bereiches vollzieht sich vielmehr jede Entfernung von dem Ursprünglichen in zwanglosester Weise, ohne streng geübte Rücksicht auf später geltende Normen. So gelangte die Sprache ja auch im part. pass. von *coilleit, -oit* ebenso leicht zu *coillu* (s. *recuellu*, GChin 3454, *requeillu*, Graal 574; *recoillu* (im Versinnern), Claris 23856 oder Graal 724, 854; *requeillue*, E. Deschamps I 22 u. s. w.), wie zu dem durch den Infinitiv geforderten *coilli*; für *saltum* (vergl. das merkwürdige *assaulx* in: Ainsi je suis de tous assaulx Pillé des vieulx et des nouveaulx, Anc. Théat. t. III S. 241) trat ebensowohl *sailli* wie *saillu* ein, vergl. letzteres SThom. (Bekker) 13b; *sauluz*, Otinel 448; *resaillu*, Alisc. 6308; *assallus : combatus*, H. Cap. S. 150 u. s. w.; *mort = mortuus* schritt fort zu *mouru*: *il est mouruz*, Jub. Mist. I 163; *moru*, Jaubert, Gloss. du Centre t. II S. 86; *convers = conversum*, z. B. Fragm. d. Val. in BChrest. 5, 28, zu *converti* und *convertut*, s. letzteres bei Aimé, Ystoire de li Normant S. 92; vergl. auch *revertuz*, Chron. D. Norm. 11924; : *venuz*, eb. 27983 neben *revertiz : joiz*, eb. 13683; *revertie : felonie*, eb. 21789; *reverti : enemi*, eb. 4542; *partut = geteilt*, Aimé, Yst. Norm. S. 100; *departut = getrennt*, eb. S. 39; neben *oi = audītum, vesti = vestītum, bouli = bullītum* werden unbedenklich Neubildungen geduldet wie *oü*: *oüe : revenue*, Berte 2410; *oü : fu*, Ph. Mousk 2959; *oüz : vertuz*, SThom. 30b; *oüwe : veuve*, H. Cap. S. 160; *oü : fu*, Cygne 2959, : *perdu*, Ph. Mousk. 20295; : *crëu*, Enf. Og. 4730; *oüs : deffendus*, Bast. Buill. 814; *veyut et oyut*, Stavelot SS. 125, 252, 310; *out*, S. 162; *vestu*, sehr häufig; *boulu*, Mén. Par. t. II S. 152; : *salu*, Greban 7992; *boulluz : luz* (*Laute*), Villon (ed. Prompsault) 170, 897; *boulu*, Jub. Mist. inéd. I 94 und so noch volkstümlich im 17. Jahrhundert (vergl. Th. Corneille zu Vaugelas I 421) und in unserer Zeit; s. *bouillu,* Jaub. Gloss. d. Cent. I 164. Beachte ferner sehr häufiges *sentu* neben *senti; repentu,* Renart 13203; : *eu; sortu,* Jaubert, Gloss. d. Centre d. l. France II 86; *dewirpuit* von *dewerpir,* SBern. bei Godefroy t. II S. 476; *remplue = impleta* : *vestue,* Alix. Ms. de l'Arsenal (P. Meyer) t. I S. 64 v. 77 u. s. w. Die nicht inchoative Flexion auf -*ir* lässt also in ihrer Formenbildung jenes volle Mass von Zielbewusstheit vermissen, welches ihrer Schwester, der Inchoativflexion, von Anfang an eigen ist und dem letztere ihre Stellung als einer Art Normalkonjugation zu danken hat. Aber auch der reinen Flexion darf ein gewisser Grad dieses Strebens nach Angleichung auch für die ältesten Zeiten nicht abgesprochen werden. Ich behaupte nämlich nicht, dass ihre Futura bei dem Aufgeben ihrer ursprünglichen Bildung in jedem Falle zunächst zu der Einschiebung eines *e* fortgeschritten seien, um dann erst, in der Erkenntnis, dass ein *i* doch füglicher am Platze sei, dieses an Stelle des ersteren einzuführen. Meine Anschauung ist vielmehr die, dass die Sprache zu *partirai* ebenso unmittelbar wie zu *parterai* von ursprünglichem *partrai* aus gelangt ist, dass also beide Schöpfungen die Ergebnisse zweier von einander durchaus getrennter und unabhängiger sprachbildender Vorgänge sind. Die Natur der Bildungen mit *e* habe ich oben bereits darzulegen versucht, den Bildungen mit *i* liegt das Streben nach Anschluss an den Infinitiv zu Grunde. Dass gerade das Futurum dem Bedürfnisse, das durch streng lautliche Entwicklung gestörte Einvernehmen mit dem Infinitiv wiederherzustellen, schon sehr frühe gehorcht hat, ist eine Thatsache, die kaum Wunder nehmen kann, wenn man bedenkt, dass die Sprache das Bewusstsein für den lebendigen Zusammenhang, der zwischen Infinitiv und Futurum obwaltet, selbst heute noch nicht eingebüsst zu haben scheint, wie die von Darmesteter, Rom. V S. 159 Anm. 1 aus der Volkssprache angeführten Futura *trouvérai, changérai* mit geschlossenem *e* vor dem Tone vielleicht zeigen [1]);

---

[1]) Darmesteters Deutung scheint mir nicht absolut sicher, da auch ausserhalb der Konjugation ein Uebergang von vortonigem dumpfem *e* zu geschlossenem *e* nachweisbar ist. So erzählt Victor Hugo von dem durch Louis Bonaparte bei seinem Staatsstreiche zum Kriegsminister ernannten Saint-Arnaud, den er als *mal élevé* bezeichnet, er spräche *peuple souvérain* aus, V. Hugo, Histoire d'un Crime t. II S. 7—8.

ihnen setze ich Formen wie *trouverroit*, Amadis liv. V (a. 1550) f⁰ 9r insofern gleich, als ich in ihnen das Resultat einer Angleichung an den Infinitiv *trouvair* für *trouver* mit offenem *e* erblicke, Beispiele aus J. Marot: *parler* : *par l'air*, *aller* : *air*, *chair* : *relacher* bei Metzke, Der Dialect von Île-de-France im XIII. und XIV. Jahrh., Herr. Arch. Bd. 64, S. 400 und bei Tobler, Versbau. Aus dieser seitens des Infinitivs auf das Futurum ausgeübten Gewalt erklärt sich denn auch die grosse Seltenheit von Formen wie *parterai*, *repenterai*, *vesterai*, sie sind eben von analogischen Gestaltungen wie *partirai*, *repentirai*, *vestirai* fast gänzlich bereits in der ältesten Zeit aus dem Felde geschlagen; vergl.: *Per epsa mort nol gurpira*, Passion 29; *quant cel guerpirunt*, Reimpred. S. 64, 126; *deguerpirat*, Oxf. Ps. 36, 29; *gerpira*, Renart 13793; *S'en repentireit*, Reimpred. S. 28, 56; *departirai*, Oxford. Ps. 59, 6; *dormirai*, eb. 4, 9; *mentirai*, eb. 88, 35; *engloutirait*, Psaut. Metz S. 164, 9 u. s. w.; *revertiras*, Chron. D. Norm. 6252; *merirai*, eb. 9713, u. s. w.

Gleichen Wesens, wenn auch erst später sich ereignend, ist das Auftreten des sekundären *i* in dem Futurum derjenigen Zeitwörter, deren Stamm auf erweichtes *l* auslautet. Wie mächtig hier das Sprachgefühl zu einer Annäherung des Futurums an den Infinitiv drängte, geht, insbesondere für *cueillir*, aus einer Reihe von Aeusserungen des Vaugelas (II 259 ff.) deutlich hervor. Dieselben lassen die grosse Teilnahme erkennen, welches die gebildete Gesellschaft des 17. Jahrhunderts an der Entscheidung der Frage nahm, ob *cueillerai* oder *cueillirai* den Vorzug verdiene. Die über diesen Gegenstand in einer „*celebre compagnie*" geführte Diskussion musste erfolglos bleiben, da nicht nur die Verfechter von *cueillerai* sondern auch die von *cueillirai* zum Beweise ihrer Anschauung sich auf den herrschenden Gebrauch beriefen. Den ersteren traten solche zur Seite, die für die Berechtigung von *cueillerai* auf die Existenz des alten Infinitivs *cueiller* hinwiesen (so auch Th. Corneille zu Vaugelas II 261, und bekanntlich noch neuere Forscher, wie Förster u. a., s. o. S. 58). Dem gegenüber hoben andere, denen sich auch Vaugelas anschliesst, hervor, dass man bei Hofe stets *cueillirai* sage, während *cueillerai* der bürgerlichen Sprache eigentümlich sei. Man kann vielleicht mit Vaugelas diese Scheidung für „*tres-veritable*" erachten, die Forderung dieses

77

Grammatikers aber, dass die Sprache sich nun auch der „façon de la Cour" zu fügen habe, ist vom sprachwissenschaftlichen Standpunkte aus natürlich abzuweisen. Wenn Vaugelas weiter ausführt „que la plus-part mesmes de ceux qui sont pour cueillera, demeurent d'accord qu'on ne l' (d. i. das Futurum cueillirai) escrit pas ainsi (d. h. nicht mit i, sondern mit e), mais qu'on le (nämlich cueilliray) dit en parlant", so ist ja solcher Zwiespalt zwischen Aussprache und Orthographie wohl möglich und durch Beispiele zu erhärten[1]), aber vielleicht verdient Vaugelas' Aufstellung ebensowenig Glauben, wie seine sicher übertriebene Behauptung, dass er bei Schriftstellern niemals cueillera oder recueillera angetroffen habe.[2]) Wie dem nun auch sei, Thatsache ist, dass zu Zeiten des Th. Corneille (s. zu Vaugelas II 261) auch die Sprache des Hofes sich für die Form mit e entschieden hatte. Von hervorragender sprachgeschichtlicher Bedeutung sind die in der Theorie auch von Th. Corneille a. a. O. geteilten, freilich auf falschen Voraussetzungen beruhenden Bemerkungen, mit denen Vaugelas a. a. O. eines weiteren die Berechtigung von cueillirai nachzuweisen trachtet. Denn wenn er sagt, dass die Anerkennung der engen Beziehungen zwischen Infinitiv und Futurum auch die Anerkennung der Theorie zur Folge haben müsse, „que, quand on disoit cueiller et recueiller, on disoit (et il falloit dire aussi), cueillera et recueillera, et qu'à cette heure parce que l'on dit cueillir il faut dire cueillira et recueillira; car ils (die Gegner von cueillira) ne contestent point que l'on die encore cueiller, à l'infinitif", so macht er sich damit gewiss zum Interpreten des Sprachgefühles vieler französischer Sprachangehöriger. Ich vermag die Formen mit i, deren Vorkommen in der alten Zeit von Förster, Ztschr. f. Nfrz. Spr. u. Lit. I S. 86 bestritten wurde,

---

[1]) Treffender als die von Patru zu Vaugelas a. a. O. angemerkten Beispiele erscheint mir der Hinweis auf folgende Angabe Beza's: ... cum praecedit a finiens dictionem, si sequens dictio incipiat ab o, interponitur t, quamvis non scribatur. Scribunt enim Galli dira-on (diceturne) et ira-on (ibiturne), pronuntiant autem dirat-on, irat-on, nisi malimus dicere dira-ton, ira-ton. De franc. l. r. pron. S. 68—9; parle-il = parlet-il, eb. S. 40.

[2]) Patru citiert aus dem von Vaugelas stark benutzten Coëffeteau: Tout le fruit qu'il recueilleroit de s'estre abaissé, zu Vaugelas II 261.

seit dem 14. Jahrhundert zu belegen: *recoilliront*, Psaut. Metz S. 293, 30 (Ms. 9572: *recoilleront*); . . . *se vantent Qu'ils cueilliront et rien ne plantent*, R. Rose ed. Amsterdam 1735, t. III S. 222; *J'espere qu'il m'acueillira*, Anc. Théat. I S. 238; auch Cl. Fauchet sagt *accueillira*, Recueil de l'orig. de la langue et poés. franç. S. 138; *cueilliray*, Palsgr. S. 560; *cueillira* stand in einer später gestrichenen Stelle des P. Corneille, s. K. Fahrenberg, Herr. Arch. Bd. 83, S. 273; *vous cueillirez les belles roses*, Vieilles Chansons du Velay et du Forez XX, 4, Rom. VII S. 72. Dass solche Gebilde auch heute noch im Volksmunde leben, ist an sich wahrscheinlich und vielleicht zu erschliessen aus Gram. d. Grammaires ed. 1867, I S. 530.

saillir: *assailiront*, Villeh. (de Wailly) § 81; *salliroient*, Aimé, Ystoire de li Normant S. 180; *sailliray*, Mén. Reims 138, 262; *sailliroient*, Chron. de Loys Bourbon, ed. Chazaud (15. Jahrh.), SS. 53, 138; *sailliroit*, eb. S. 123 (neben *sauldront*, eb. S. 204; *assauldront*, S. 230); *Comme nous les assailliron*, Mist. V. Test. 7996; *saillira*, eb. 26395; *Et les enfans de joie sailliront*, Mont. et Rothsch. Rec. de Poés. frç. t. VI S. 178; Gringoire verwendet, ebenso wie Mist. V. Test. (s. o. S. 57), von diesem Zeitworte neben einander die drei möglichen Futurformen: *assaudront*, Gringoire II 128; *assailleray*, II 68; *assaillira*, II 268, II 278; *Ses os tressailliront sous la tombe poudreuse*, A. de Montchrétien († 1621), bei Darmest. Hatzf. Le 16e Siècle (1887) 2me partie S. 344—5, Anm. 9; über das Schwanken der Sprache zwischen den einzelnen Formationen vergl. Darmest. Hatzf. a. a. O. prem. part. S. 243, § 130, und die Gram. d. Gram. (ed. 1867) I S. 527—8.

faillir: *failliray*, Mist. V. Test. 22475; *defailliray*, eb. 22115; *Adonc, je croy, failliray je a mes peines*, La Boétie (1530—63) bei Godefroy III S. 700; *failliront* in Prosa bei J. de Clamorgan, Chasse du Loup S. 39 ed. 1576, s. Godefroy III S. 653 s. v. *estrique*. Der Streit zwischen *faudrai* und *faillirai* ist bis heutigen Tages noch nicht beigelegt; für das 16. Jahrh. vergl. H. Stephanus bei Darmest. Hatzf. a. a. O. S. 243; im folgenden Jahrhundert wird das Vorkommen von Wendungen wie: *Les forces lui failliront tout à coup = manqueront* bestätigt durch Thomas Corneille zu Vaugelas I 422. In der Gegenwart leben *faillirai* und *saillirai* „*dans l'usage ordinaire*" nach Chabaneau, Théorie (1868) S. 89. Aus dem Gesagten erhellt, dass

Littré s. v. nicht recht unterrichtet ist, wenn er die in Rede stehende Gestalt des Futurums von *faillir* erst für eine Schöpfung der Neuzeit hält. Es ist vielmehr anzunehmen, dass *faillirai*, nachdem es einmal ins Dasein getreten war, nicht wieder aus der Sprache der grossen Masse verschwand, von welcher es ja, wie wir sahen, bis auf den heutigen Tag gebraucht wird. Allerdings geschah dies gegen den Willen der Schriftsprache, welche *faudrai* bevorzugte. Schliesslich kam aber dieses ausser Gebrauch, und, einmal vergessen, kann es nun nicht mehr darauf rechnen, in dem Sprachbewusstsein derer, die zur Bildung eines Futurums von *faillir* Gelegenheit haben, zu neuem Leben zu erwachen. Ein ohne bewusste Rücksicht auf Vergangenes sich äusserndes Sprachgefühl kann jetzt nur noch zu *faillirai*, — welches nach einigen Grammatikern in der That dann erklingt, wenn *faillir* in der Bedeutung von *faire faillite* verwendet ist, s. Littré a. a. O. — oder, solange die Inchoativflexion dem Zeitwortfern blieb, höchstens zu *faillerai* gelangen (s. *déffaillerait* ob. S. 57). Von grossem sprachgeschichtlichem Werte ist in dieser Hinsicht Littrés Bemerkung s. v.: *Les personnes qui ont besoin du futur et du conditionnel et qui en ignorent la véritable forme, les composent suivant la règle des verbes en-ir et disent: je faillirai, je failliruis; c'est un barbarisme, mais qui a chance de s'introduire et de devenir correct* ... — Uebrigens kennt das Normannische des 17. Jahrhunderts, wie Vaugelas II 421 angiebt, *il faillira, il failliroit* in der heutigen Bedeutung von *il faudra, il faudroit* = *es wird (würde) nötig sein*. Wenn Th. Corneille zu Vaugelas II 423 diese Bildungen für „*insupportables*" erklärt, so haben wir als Angehörige einer viel späteren Zeit und insbesondere als Nichtfranzosen dagegen nichts einzuwenden; doch muss vom Standpunkte historischer Sprachbetrachtung aus bemerkt werden, dass die an jenem normannischen *il faillira* haftende Bedeutung von heutigem *il faudra* (über die Entwicklung dieser Bedeutung s. Tobler, Beiträge S. 176 ff.) von Rechtswegen nicht auffälliger ist, als folgende Stellen: ... *anchois qu'ilh porent avoir paix à dit duc, ilh l'amendont grandement et les fallit paiier sens nombre d'argent*, Stavelot S. 382, oder: *Parquoy* (d. i. wegen eines Mordes) *il faillist incontinent quil habandonnast le dict pays* ..., J. Le Maire, Ill. Gaule, liv. II ch. 23, f⁰ XLIXr. Tritt hier zu Tage, dass in der älteren

Sprache auch die Formen von *faillir* in der heute nur *falloir* zukommenden Bedeutung begegnen, so ist dies natürlich auch der Fall in: *Pou s'en failloit, ne fust conquis*, Claris 8891, Galien, (Gal. Dr.) S. 222, und *moult s'en failloit*, Doon S. 304, da auch *peu s'en faillit*, Galien (Gal. Dr.) S. 193, *poi s'en failli*, Doon S. 329, *moult s'en failli*, eb. S. 325 begegnet. Doch wage ich nicht, alle Fälle, in denen *failloit* mit mouillirtem *l* in der Bedeutung von *il fallait* auftritt, hierherzurechnen; höchstens vielleicht: ... *ung monstre marin auquel il failloit donner tous les jours ung enfant Troyen pour deuorer*, Jean Lemaire a. a. O. liv. I ch. 18, dem ja auch *faillist = fallut* ist; nicht aber: ... *parquoy il failloit qu'il endurast ce renforcement* ..., Oliv. d. l. Marche, Mém. t. III S. 91; ... *et failloit souvent parler aux escarmoucheurs* ..., eb. t. III S. 100, oder: *Puis ... Cessa la dance qui durast à jamais, Mais il failloit avoir les entremetz*, bei Mont. et Rothsch. Recueil de Poés. franç. t. X S. 217, da dieselben Denkmäler auch sagen: ... *mais faillut faire une armée* ..., O. d. l. Marche, Mém. t. II S. 407 (neben *falut*, eb. t. I S. 169 und *fallut*, eb. t. I S. 244); oder: *Tout fut mengie; si faillut desservir*, Mont. et Rothsch. Recueil de Poés. fr. t. X S. 220; oder neben einander: ... *l'ypocras dont il failloit servir; Mais point n'en orent, si s'en faillut chevir*, eb. S. 220 (15./16. Jahrh.). Zu diesem *failloit*, welches ich noch eb. t. XI S. 384 (um 1500), t. XI S. 236 (nach 1530), Galien (Gal. Dr.) SS. 176, 259, bei Rabelais, Sciomachie, Oeuvres ed. Barré S. 596, in Éd. Fournier's Var. hist. litt. t. III S. 209 (Ende des 16. Jahrh.), sowie in Schweizer Mundarten: *fallhai*, Favrat, Gloss. d. Pat. d. l. Suisse romande, Lausanne 1866, S. 452, 32; *faillâi*, eb. S. 454, 32 u. s. w. finde, vergleiche man ferner: *Et faillust qu'il payast pour eulx*, in einem dem Villon zugeschriebenen Gedichte, Oeuvres ed. Prompsault, S. 412, 1064; ... *il ne luy eut point faillu de mire*, Galien (Guer. Dr.) S. 118; ... *qu'j ne lui eust fuillu jllecques fouyr*, eb. Ms. 1470 S. 342; *Et nous y a faillu retraire, Noz bles ont failly ceste année*, Mist. V. Test. 7452—3, neben *fallu*, eb. 8090; *Peu s'en faillut que ...* (erste Hälfte d. 16. Jahrh.), Mont. et Rothsch. a. a. O. S. 210. *Failloit* kann also auch zu *falloir, faillir* gehören; es kommt hinzu, dass, abgesehen von Eigentümlichkeiten des älteren Pariser Dialectes wie *maillice, deillice* für *malice, délice*, s. Nisard,

Étude S. 203, auch Zeitwörter wie *chaloir* und *valoir* die Mouillirung des *l* in weiterem Umfange, als sie ursprünglich berechtigt war (*chaille, vail, vaille*), zu gewissen Zeiten und in gewissen Gegenden begünstigen; so gebraucht *chailloit* Ant. de la Sale (15. Jahrh.), s. Herr. Arch. Bd. 46, S. 177, und der Verfasser der Mém. Mar. Boucic. SS. 9, 160; *chaillist* neben *chaulsist* bei Palsgrave S. 413; *nonchaillance*, Jean Lemaire, La seconde part. de la diff. des Scismes et des Concilles de leglise, d 11 und Macault, Apophthegmes (1550) S. 149b; neben *failloir* (*faillait, faillit* oder *faillut, faillu*), Jaubert, Gloss. d. Centre t. I S. 420, t. II S. 536 erklingt in Centralfrankreich auch *vailloir*, Jaubert a. a. O. II 410; das dem Normannischen des 17. Jahrhunderts eigenthümliche Futurum *vailliret* = *vaudrait*, La Muse Normande de Louis Petit de Rouen (1658) S. 13 ist eine unmittelbare Anlehnung an *failliroit* (beachte das subst. *vaillissance* = *valeur*, Jaubert, Gloss. II 409 und altes *vaillissant*, Enf. Og. 5421, Bat. d'Alesch. 1244 und oft). Vergl. schliesslich: *toillir* = *tollere*, Gaydon S. 155, S. 271; pass. déf. *toilli*, eb. S. 105, S. 198, *toil* = *tolle*, Doon S. 64, nach analogischem *je toil*, Li Contes de la Charrete, Jonckbloet II, S. XCV und (*qu'il*) *toille*, eb. S. CXVIII.

Einen gleich starken Einfluss übte der Infinitiv auch auf die Weiterentwicklung der Mehrzahl der übrigen oben aufgezählten synkopierten Futurformen aus:

issir: an Stelle von *ou il istroit . . .*, Ch. Lyon 4080 steht in dem pikardischen cod. Vat. (13. Jahrh.) *ou il en issiroit*, s. Förster, der Löwenritter (Yvain) von Christian von Troyes, Halle 1887, v. 4080; *Ja del chastel ni enssirez fors* (sic!), in der Turiner Hs. f⁰ 86c des R. de Florimont für die ursprüngliche und bessere Lesart: *Jai del chastel nen istrez hors*, in Ms. F f⁰ 113d; nach Gaertners Angabe in Herr. Arch. Bd. 40, S. 462 zu schliessen, scheint auch Froissart *issirai* neben *isterai* zu verwenden. Neufrz. *réussirai*.

toussir: *toussira*, Mén. Par. t. II S. 319.

haïr: *Ains à tousjours vous haïra*, Mont. Fabl. t. I S. 303; *Hélas! Dieu nous en hayra*, Mist. V. Test. 3116; fälschlich druckt *haïrai* Brakelmann, Herr. Arch. 42 S. 385, CCXCVI und *aïrrai* Jonckbloet im Cont. Charr. (Prosa) II S. CLX; doch sicherer als hier ist die dreisilbige Geltung von *haïra* in den Serm.

Poit. S. 140, da dieses Denkmal im Praesens von *haïr* bereits die Inchoativflexion kennt, s. u.

ouïr: . . . *dont vous ouïres parler,* so in dem auf der Königl. Bibl. zu Berlin befindlichen, unpaginirten alten Drucke der Mélusine des Jehan d'Arras (S. 8); *vous ouÿres,* eb. (S. 42); *oïront* (sic!), eb. (S. 133), neben häufigerem *orrez*, z. B. eb. (S. 51); wenn *oïront* in den Serm. Poit. SS. 78, 107; *oïra,* eb. S. 77 zu lesen steht, so ist aus dem Vorhandensein des Tremas, welches jedenfalls nur vom Herausgeber herrührt, keineswegs die syllabische Geltung des *i* zu erschliessen, zumal auch *oïent* = *audiant*, eb. S. 107; *oïez* = *audite* mit diesem Zeichen versehen sind. Trotzdem gewisse Grammatiker die Zulässigkeit von *ouïrai* in der modernen Sprache bestritten, so finde ich doch *ouïrez* bei Audonard, Pour Rire à Deux S. 182 in einer Verwendung, in der diese Form auch andern unbedenklich scheint (Gr. d. Gram. I 534).

jouir: Quant l'aras enrichy, jamais n'en joyras, Doon 75; *Que tuit cil sen esioiront,* Cod. Vat. des G. de Dole, Romv. S. 576, 24; *Pour ce qu'il savoit bien que plus n'en gouäroit*, Brun Mont. 2895 neben: *Ainsi de ses amours tres malement gorra,* eb. 1343; *Decoste moi ne joïrez,* Mir. N. D., XIV S. 240, v. 228; *esjoiront,* Psaut. Metz S. 24, 13; *esjoirai,* eb. S. 30, 2 gehören wahrscheinlich ebenfalls hierher, da das Praesens bereits inchoativ flectiert ist, s. eb. S. 92, 1 u. 14; über *esjoirai* im Oxf. und im Cambr. Ps. s. Bröhan S. 82; *goïroit,* G. Muis. II 266.

fouir: Zu Aiol 5350: *Qui ces mors enfoira*[1]*), miex l'en doit estre* existiert die Variante: *mors fouira; fouyra* (anno 1455) bei Godefroy, fasc. 53, S. 204 (Prosa).

trahir: tra(h)ïrai häufig.

fuir: La bien tost fuïrai par delés chele dune, Bast. Buill. 1007; neben: *Si dist que ja par mer ensi ne s'en fuiroit,* eb. 933; *Ne en quel lieu m'en fouyray,* Mist. V. Test 7956; *En autre lieu s'en fouyront,* eb. 22016; neben: *Ainsi que j'ay dit, s'en fuyra,* eb. 22159; *Mais toute grosse m'en fuyray,* eb. 8592.

puir: Ist *puirai* bei Darmest. Hatzf. Le XVIe siècle (1887), prem. part. S. 244 dreisilbig zu verstehen? Vergl. den Infinitiv

---

[1]) Dieses gewiss einsilbige *oi* erinnert an *enfuirons* = *infodire* + *habemus* in: *Et le matin l'enfuirons el mostier,* Gar. Loh. t. II S. 243.

puire : *luire*, Watriquet 153, 463 und Schelers Anmerkung eb. S. 456 (s. oben S. 48).

Auch die Zeitwörter, deren Stamm auf muta cum liquida auslautet, haben ihre Futura schon frühe an den Infinitiv angelehnt: *adempliront*, Passion 21^d; *aemplirai*, Oxf. Ps. 80, 9; *podrira*, Alexius 96^b oder *pourrira*, *nourrira* sind die gewöhnlichen altfranzösischen Formen; seltener sind: *sofrira* in der ziemlich jungen Hs.,A (nach G. Paris, Alex. S. 5 noch im 13. Jahrh. geschrieben) der Reimpredigt[1]), 67 c; *soufrirai*, Gal. Rest. 350, 34; *ouvriray*, Vieille S. 145; *ovrira*, Christ. de Pisan, Oeuvres poét. ed. Roy S. 40, 23; *ouvriray*, Oliv. de la Marche, Mém. t. II S. 260; *covriras*, Joseph von Arimathia S. 106, 1028; *couvrira*, Mist. V. Test. 5136; *descouvriroye*, C. Nouv. Nouv. S. 460; *offriroyet* (sic!), Jean Lemaire, Ill. Gaule liv. II ch. 25.

Schliesslich ist zu beachten, dass auch die Futura derjenigen Verba auf *ir*, neben denen in der alten Sprache Infinitive auf *re* oder *eir*, *oir* bestanden, zum Teil schon sehr frühe den Anschluss an den Infinitiv auf *-ir* gesucht haben: *Se gemirai tot mon aage*, 3 Wunder Gautiers (Ztschr. VI), III 358; *Que li peckières gemira*, G. Muis. I 20; oder *fremira*, Oxf. Ps. 111, 9; *Et de ses dens en fermira*, Lib. Psalm. App. S. 338 enthalten allerdings wenig Auffälliges, da *gémir* fast stets, *frémir* aber ausschliesslich im Praesens inchoative Bildung zeigen; die nicht inchoativen Bildungen von *gémir* sind eben zu dem Infinitiv *giembre*, neu *geindre* zu rechnen. Bemerkenswerter ist: *Je cremiroie avoir mal gre*, Atre pér. Herr. Arch. 42, S. 149, 7; *tolliray*, Galien (Gal. Dr.) S. 154; *tollirons*, eb. S. 253; *tollira*, Rab. Garg. I, VI; *tolliroyent*, C. Nouv. Nouv. S. 481; *siviroient*, R. Clary S. 39; *Pere Seth, nous vous suyviron*, Mist. V. Test. 4482; *Et tous noz gens nous suyviront*, eb. 7144 (Ms. C: *suiveront*); *Va devant, je te suiviray*, Anc. Théat. I 259; *ensuiviroit* (anno 1623), Fournier, Var. hist. litt. t. III S. 280.[2]) Das *i* des Infinitivs tritt zuweilen auch da ein, wo im Futurum die beliebte Verbindung *rr* vorlag: *Et je en apairirai devant tai faice*, Psaut. de Metz S. 49, 17 (*aparir*,

---

[1]) S. auch ed. Suchier S. IX; auch Bröhan S. 87 kennt dieses Beispiel.
[2]) Über *plaisirai*, *taisierunt* s. o. S. 53.

Job. S. 483; *aparir* : *joir*, Joufrois 2050); *recourriront* aus einer Urkunde des 13. Jahrh. bei Bröhan S. 56 lässt allerdings auf die frühe Existenz des Infinitivs *courir* schliessen; oder ist hier das tonlose *i* dem oben S. 69 ff. erörterten *e* an Lautwert gleichzusetzen? Im 16. Jahrhundert muss die Neigung, das Futur von *courir* im Anschluss an diese neue Infinitivform umzubilden, ziemlich stark gewesen sein: im Amadis liv. 2, chap. 6 steht: *il vous secourira et aidera*, nach Patru zu Vaugelas II 260; H. Stephanus, Hypomneses S. 214 verwirft die in dem „*Les fondamens de la langue Françoise*". betitelten Werke eines französischen Sprachgelehrten, „*qui nihilo minore cautione quam superiores* (d. i. die früher von H. Steph. angeführten Gelehrten) *legendus est*", aufgestellte Form *je couriray* für *courray*. Wenn ferner Thom. Corneille zu Vaugelas I 401 bei der Zurückweisung von *secoureray* (s. o. S. 69) fragt: „*pourquoy prendre un e plustost que de garder l'i, et dire je secourerai et non pas je secourirai, comme on dit je nourrirai, je pourrirai?*", so erkennen wir darin einen Ausdruck jenes vulgären Sprachgefühles, welches zu dem Anschluss an den Infinitiv hindrängte. Uebrigens liegen auch für das veraltete *ferir* derartige neugebildete Futura vor; in: *Mon escient ja feriront els escuz*, im zehnsilbigen Alexander, Ms. de Venise v. 402 ist allerdings unbedenklich *feront* zu setzen; unanfechtbar aber ist *feriras*, Gal. Rest. Ms. 1470 S. 330; *feriroit*, Rab. Pant. liv. III ch. XXXI und liv. IV ch. LII; *mourir* dagegen scheint diese Entwicklung nie mitgemacht zu haben; das einzige mir bekannt gewordene Beispiel *morira*, Aimé, Ystoire de li Normant S. 92 ist unter italienischem Einfluss entstanden.

Es kann kaum zweifelhaft sein, dass das auf der Grundlage des Infinitivs umgeschaffene Futurum in jedem Falle älteren Datums sei, als die Aufnahme des Inchoativsuffixes in die Praesensgruppe. Denn, wie schon einmal bemerkt wurde, zu dem Verzicht auf die alten synkopierten Futura mochte desshalb eher Veranlassung vorliegen, weil der daneben stehende in enger Formenverwandtschaft mit denselben gefühlte Infinitiv eine stete Mahnung zum Ausgleich bedeutete, während der Praesensgruppe, besonders solange auch die Formen der Perfectgruppe sich ablehnend verhielten, eigentlich zunächst jede Ursache zur Annäherung au die Normalkonjugation fehlte. Dass dem so ist, zeigt ja deutlich das Verhalten der noch heute der Sprache verbliebenen Zeitwörter reiner Bildung: abgesehen von *cueillir* (*saillir*), *mourir, courir*, Composita von *quérir* lassen sie sämmtlich den vollen Infinitiv im Futurum erscheinen, während die Praesensgruppe und z. T. auch andere Formen wie *souffert, offert, couvert, ouvert, acquis* u. a. m. am Alten festhielten und nur mundartlich sich zum Nachgeben bewegen liessen.[1]) Ist also die nachträgliche Einführung des *i* in das Futurum nichts als ein lokales Ereignis, so verlöre die von einigen Seiten (Koschwitz, Ztschr. f. R. Phil. II S. 480, Chabaneau, Théorie S. 63) gethane Behauptung, dass dieselbe den Uebergang der davon betroffenen Zeitwörter zur Inchoativflexion bezeichne, sehr viel an Wert, wollte man nicht des Einflusses gedenken, den der einmal an einer bestimmten Stelle des Zeitwortes gegebene Anstoss zur Annäherung an die Normalkonjugation auch auf die Weiterentwicklung der anderen Formen desselben Zeitwortes ausüben konnte.

---

[1]) Es will wenig sagen, dass einzelne Zeitwörter ihr synkopiertes Futurum neben dem analogischen bis in eine Zeit hinein gerettet haben, in der die Sprache sich bereits für die inchoative Biegung der Praesensgruppe entschieden hatte oder doch eine starke Neigung zu derselben bekundete. So steht *garra*, Bat. d'Alesch. 3709, 4385, 6138; *garroit*, eb. 6594 neben *garissez*, eb. 6123; conj. praes. *garisse*, eb. 1026; *garirez*, eb. 634, 6574; oder *garra*, Mort Garin (Ms. Ars. B. L. 181) ed. Du Méril S. 237 neben *garissez*, eb. S. 237; *garront*, Prise d'Orenge v. 586 neben dem Imperativ *garis*, eb. 543. Aehnlich *nuirat = nourrira*, SSBern. 49, 16 neben *nurisset = alat*, eb. 135, 20; oder *esjorat*, SSBern. 125, 36 neben dem Praesens *esjoïst*, eb. B. Chrest. 197, 3; *U il de fine amor gorra*, Durmart 8852 neben: *Il s'en esjoïst durement*, eb. 11890; *esjorroiz*, Ruteb. I S. 290 neben *esjoïssoie*, eb. I S. 317; *esjoïst*, eb. II S. 35. Der Grund für diese Erscheinung liegt in der Vorliebe der Sprache für das geminierte *r*, welches in den SSBern., nach der Schreibung zu urteilen, allerdings bereits vereinfacht ist. Es sei noch einmal betont, dass (abgesehen von *cueillir* und *saillir*) heute nur noch diejenigen Futura, deren Stamm auf *r* auslautet, also *courir, mourir, quérir* die Einmischung des *i* verschmähen; der Widerwille gegen sekundäres *i* ist hier sogar so stark, dass man *courirai*, zu dem bereits der Anstoss gegeben war, wieder fallen liess. Vergl. auch das oben S. 50—51 zu *nourrir* und *pourrir* Gesagte.

B. Die Inchoativflexion.

a) Ursachen ihrer Einführung.

Im Anschlusse an Diez II³ 132, wo die Ursache der Verwendung des Inchoativsuffixes in den Zeitwörtern dritter romanischer Konjugation auf das „Streben nach ausdrucksvollerer Form" und seine ursprüngliche Beschränkung auf 1, 2, 3, 6 auf das Bedürfnis, „die Flexion deutlicher hervortreten zu lassen", zurückgeführt wird, hat Mussafia, Zur Praesensbildung im Romanischen, Wien 1883 S. 3 ffl., unter gleichzeitiger Heranziehung zahlreicher überzeugender Beweismittel aus der I. u. II. lateinischen Konjugation dargetan, dass die Gleichheit der Betonungsverhältnisse der lat. III. Konjugation: *rúmpo, rúmpis, rúmpit, rúmpimus, rúmpitis, rúmpunt*, den „romanischen Sprachgenius" veranlasst habe, auch im Praesens der II. u. IV. lat. Konjugation eine in allen Personen gleiche Betonung zu schaffen. Die solchem Zwecke etwa dienenden Mittel, „stete Betonung des Praesensstammes" oder „stete Betonung der einsilbigen Endungen", sind, wie Mussafia S. 4 lehrt, nur vereinzelt und ohne Consequenz zur Anwendung gekommen. Um also zu der bereits von Diez angedeuteten steten Tonlosigkeit des Stammes bei strenger Wahrung der Gleichheit der Betonungsverhältnisse zu gelangen, zog die Sprache es vor, durch Einschaltung eines betonten Suffixes, eben des Inchoativsuffixes, vor den unbetonten Endungen, also in 1, 2, 3, 6, den Stamm zu erweitern, und schuf so ein Praesens: *florésco, floréscis, floréscit, florémus, florétis, floréscunt*. Durch den Umstand nun, dass die romanischen Sprachen einen Dualismus in der Betonung der Praesensformen von III zugelassen haben, ital. *véndo*, aber *vendiámo*, prov. *ven(d)*, *vendém*, franz. *vent*, *vendóns*, lässt Mussafia (a. a. O., S. 4, Anm. 1) sich keineswegs irre machen; er schreibt diesen Wandel dem siegreichen Einflusse mächtiger Impulse zu, wie Angleichung an andere Konjugationen oder Neigung in der 1. u. 2. Plur. die Flexion zu betonen. Es ist also ohne weiteres ersichtlich, dass der von Mussafia geschilderte Vorgang in eine Zeit zurückgreifen muss, in der das Praesens der lat. III. seinen Betonungsmodus noch nicht durch Verlegung des Accentes auf die Flexion in der 1. u. 2. Plur. geändert hatte. Denn die Ueberzeugung von der Wahrheit der Mussafia'schen

Theorie hat zur notwendigen Voraussetzung den Glauben an die Thatsache, dass ein *credémus, credétis* mit betonter Penultima nicht als die den romanischen Formen zu Grunde liegende vulgärlateinische Urform anzusehen ist. Wenn Diez II³ 126, Seelmann, Aussprache d. Latein S. 47 ff. u. S. 53 und Thielmann, Arch. f. Lat. Lexic. Bd. II (1885) S. 159 vulgärlateinisches *credémus, credétis* ansetzen, so ist dieser Irrtum bereits beseitigt durch W. Meyer's Hinweis auf walachisches *créadem, crédetzi*; vergl. Berliner Wochenschrift für Klass. Philol. 1885, Sp. 589. Ob allerdings, wie Mussafia a. a. O. S. 4 will, die von Chabaneau, Revue des langues romanes 21, 152, aus südöstlichen Mundarten (an der Grenze von den Alpen bis zu den Vogesen) beigebrachten Bildungen, wie *réntes = rédditis, préntes = prehenditis, séutes = sequitis, créde = croyez (dáte = devez), sáde = sapitis*¹) u. s. w. unmittelbar auf die entsprechenden lateinischen Vorbilder zurückgehen, ist sehr zweifelhaft; ich ziehe es mit Suchier in Gröbers Grundriss I S. 610—11 vor, diese z. T. erst seit dem Ende des 16. Jahrhunderts nachweisbaren Bildungen als Ergebnisse analogischer Einwirkung seitens *dites, faites, estes* zu erklären. Diese letzteren drei Formen nebst *som(m)es* und alten *dimes* und *faimes* sind auf dem eigentlich französischen Gebiete die einzig überlebenden Zeugen für die Thatsache, dass das Praesens von III. auch im Vulgärlatein die klassische Betonung beibehalten hatte.²) Eine Stütze für die Anschauung, dass *tráites* für *traez = trahitis* in: *Et sin traites fors la coree*, R. de Florimont Ms. G (24376 B. N.) f⁰ 15ᵇ, Ms. T(urin) f⁰ 17ᵃ; *Et si en traites la coree*, Ms. A (B. N. 353) f⁰ 8ᵈ = *Et si en traez la coree*, Ms. F (B. N. 15101) f⁰ 23ᵇ der Gegenwart von *faites* zu verdanken sei, erblicke ich in dem Imperfectum *traisoit = traioit*, Ms. A f⁰ 6ᵈ; *trassoit*, Ms. G f⁰ 11ᵈ; *trasoit*, Ms. T f⁰ 13ᵃ (2 mal); *traisoit*, Ms. A f⁰ 12ᵃ, Ms. G

---

¹) Mit dem von Chabaneau a. a. O. erwähnten *aduite = conduisez* vergleiche ich den Imperativ *desduites*, R. d. Florimont, Ms. A. f⁰ 26ᵇ für *desduisiez* oder *desduez* anderer Hss.

²) Nicht blos *dimes, faimes* sind zu *disons, faisons* fortgeschritten, sondern auch *dites* und *faites* weichen dialektisch neuen Bildungen wie *disez, faisez*, so in Berry und Anjou, s. Livet S. 43; in Poitou *disé* oder *disai*, s. A. Favraud, Oeuvres en pat. poitev. (1884) SS. 17, 19, 20 u. s. w. Bekannt ist das Verhalten der Composita von *dire* und *faire*.

f⁰ 21b; *tresoit*, Ms. T f⁰ 23d, welches ebenso wie *atraissanz*, Ly. Ysop. 507; *trasoit*, eb. 2647 sein *s* nur von *faire* oder *plaire* erhalten haben kann, wenn man nicht Einfluss des Perf. *traisis* = *traxisti* annehmen will; s. Ztschr. f. R. Phil. VII S. 52.¹)
Wenn nun auch das Bild, welches insbesondere die französische Inchoativflexion heute bietet und in historischer Zeit im grossen Ganzen wohl immer geboten hat, insofern von dem durch die Schwestersprachen beobachteten Verfahren sich unterscheidet, als dort das Inchoativsuffix nun auch auf die übrigen zur Praesensgruppe gehörigen Formen ausgedehnt wurde, so hindert doch nichts, sich ein von dem Inchoativsuffix ergriffenes Zeitwort, etwa *nourrir*, in vorgeschichtlicher Zeit folgendermassen in der Praesensgruppe gestaltet zu denken:

Praes. Ind.: *nodris, *nodris, *nodrist, *nodrims, *nodriz, *nodrissent; Praes. Conj.: *nodrisse, *nodrisses, *nodrisse, *nodriens, *nodriez, *nodrissent; Imperat.: *nodris, *nodriens, *nodriz; Part. Praes.: *nodránt.

Vergleicht man die weiter unten angeführten aus SS. Bern. entnommenen Formen von *guerpir*, *rejehir* und *convertir*, so möchte man fast glauben, dass der Metzer Dialekt im Beginne des 13. Jahrhunderts den ursprünglichen Sachverhalt noch kannte, besonders wenn man die 2. Plur. *aniantiz*, SS. Bern. (Förster) 150, 25 in Betracht zieht. Als Ableitung von *niant* gehörte *aniantir* unzweifelhaft von Anfang an zur Inchoativkonjugation, was von den drei oben genannten Zeitwörtern

---

¹) Dieses *traisoit*, welches auch in: *Sachiés, s'il nos leüst, tout sain l'en trasion*, in dem pikardischen Ms. 789 des R. d. Alix (ed. P. Meyer) v. 629 vorliegt, steht also auf einer Stufe mit *circumcisoient*, Sinner, Catal. Bibl. Bern. II 495; *circoncisez*, Greban 5899; *ocisoit*, Rom. d. Florim. Ms. A. f⁰ 15ᵃ; *occisent* = *occidunt*, Prosacliges (a. 1454) S. 294, 1, S. 297, 33; *occise* = *occidam*, eb. S. 316, 32; *occisent* = *occidant*, Mén. Par. t. I S. 79 (neben *occiez* = *occiditis*, eb. t. I 185); *occisoit*, Mélusine (unpaginierter alter Druck), (S. 11); *occiant*, eb. (S. 59) (neben *occiant*, eb. (S. 98) und *occioit*, eb. (S. 125)); *occisant*, Jean Lemaire, Ill. Gaule liv. II ch. X f⁰ XXʳ; *occiseur* für *occieur*, eb. liv. II ch. XXI f⁰ XLIII; *afflisoit* = *affligebat*, Godefroy t. I S. 144; *frisent* von *frire* für *frient*, Mén. Par. t. I S. 31, t. II S. 162; *frisiez* Imperatif, t. II SS. 145, 148, 150, 151 u. oft; Palsgrave hat noch *frions*, *que je frie*, s. v.; schliesslich *risoit* = *ridebat*, R. d. Florimont, Ms. A. f⁰ 18ᵈ; praes. conj. *que je risse*, Jaubert, Gloss. du Centre t. II S. 278; *asourissant* = *souriant, gai, éveillé*, eb. t. I S. 98.

nicht mit aller Sicherheit behauptet werden kann. *Anianliz* zu dem im Altfranzösischen nicht gerade selten begegnenden *anianter* zu stellen, geht nicht an, weil, so viel ich sehe, die Endung *-iz* = *ītis*, *ētis* in den SSBern. niemals bei Zeitwörtern auf *-er* erscheint; es kann eben nur, ebenso wie der Imperativ *esbahiz*, eb. 24, 16, der zu dem stets inchoativ flectierten *esbahir* gehört, als Ueberrest des ursprünglichen Verfahrens verstanden werden.

Im allgemeinen ist, wie schon bemerkt, die Ausdehnung des Inchoativsuffixes innerhalb der Praesensgruppe in dem heute giltigen Umfange bereits für die alte Sprache, soweit wir sie kennen, obligatorisch gewesen, — und diese Thatsache hat auch nur wenig Befremdendes, wenn man erwägt, dass einem Idiom, welches, wie das Französische, in viel höherem Grade als die Schwestersprachen der Neigung zur Ausgleichung ursprünglicher Verschiedenheiten gehorchte, der althergebrachte Sachverhalt nur so lange genügen konnte, als die Gleichheit der Betonungsverhältnisse in III ungestört fortbestand. Nachdem hier einmal durch Verallgemeinerung betonter Endungen: *-ons*, *-omes;* *-ez* = *-atis*, *-eiz*, *-oiz* = *ētis*, auch *-iz* = *ītis* (z. B. *cro-iz* = *creditis* im Haimon des Arsenalcodex 2083, s. Förster, SSBern. Rom. Forsch. II S. 205; *conessiz* = *cognoscitis*, SSBern. 120, 40) eine zwiefältige Betonungsweise geschaffen, die ursprünglich treibende Ursache also beseitigt war, ergab sich ein neuer Anstoss, die dadurch entstandene Incongruenz mit dem Praesens der Zeitwörter auf *-ir* durch Abänderung des letzteren aufzuheben. Das solchem Zwecke sich darbietende sehr naheliegende Mittel der Einmischung des Inchoativsuffixes auch in die 1. u. 2. Plur. erwies sich um so wirksamer, als damit eine Uebereinstimmung in den Betonungsverhältnissen sämmtlicher Konjugationsarten herbeigeführt wurde: *aíme*, *amóns; sént*, *sentóns; punís*, *punissóns; rómp*, *rompóns; dói*, *devóns*. Es sei nicht versäumt, hier auf eine allerdings ziemlich späte, in ihrem Werte indess nicht zu unterschätzende Aeusserung französischer Sprachangehöriger aufmerksam zu machen, in welcher das Gefühl für die Notwendigkeit gleicher Behandlung aller Zeitwörter hinsichtlich der Beschaffenheit der Praesensformen als mitbestimmend für die Verwerfung oder Empfehlung gewisser Gebilde erscheint. Die Académie franç. hält nämlich die in früheren

Zeiten zuweilen auftauchenden zweisilbigen Praesensformen *je hais, tu hais, il hait* für ursprünglich und begründet ihre an sich natürlich unrichtige[1]) Anschauung mit folgender Betrachtung: ... *il n'y a point à douter que l'on n'ait fait autrefois les trois personnes du singulier de deux syllabes et que l'on n'ait prononcé, je hais, tu hais, il hait, comme on prononce, je trahis, tu trahis, il trahit; la raison est que nous n'avons aucun verbe en nostre Langue qui ait trois syllabes au pluriel, quand le singulier n'en a qu'une; je dis fait au pluriel, nous disons, je parts, nous partons, et ainsi de tous les autres. Ce qui prouve que je hais a esté autrefois de deux syllabes, c'est le subjonctif Que je haïsse, parce que les subjonctifs se forment ordinairement du présent de l'indicatif, en y adjoustant un e muet, ou la syllabe se pour en faire une de plus. Je lis a au subjonctif que je lise, je trahis, que je trahisse. Ainsi on a deu dire je hais en deux syllabes au présent de l'indicatif, pour faire que le subjonctif fust de trois syllabes, Que je haïsse. C'est apparemment par cette raison que quand on a commencé à faire les trois personnes du singulier, je hais, tu hais, il hait d'une syllabe, on a dit au pluriel nous hayons, vous hayez, il hayent, afinque le pluriel n'excedast le singulier que d'une syllabe, comme font tous les autres verbes*, s. zu Vaugelas (Chassang) t. I S. 75—76. Der heute zwischen *je hais* und *nous haïssons* obwaltende Zwiespalt, soll, wie die Acad. franç. a. a. O. weiter ausführt, eine Folge des Bemühens sein, *hayons* von seinem Homonym *ayons* zu unterscheiden, eine Aufstellung, deren ernsthafte Widerlegung wir uns hier ersparen dürfen.

Es liegt kein zwingender Grund zu der Annahme vor, dass das Eindringen des Inchoativsuffixes in das Imperfectum der Zeit nach mit dem Eintritt der soeben geschilderten, im Praesens sich vollziehenden Wandlung zusammenfiel; wenigstens lässt sich als sicher behaupten, dass die Betonungsverhältnisse hierbei ohne Einfluss bleiben mussten, denn in dieser Hinsicht befand sich ja *nutri(e)bam* mit *amábam, debébam, vendébam* in bestem Einvernehmen. Will man etwa annehmen, dass das

---

[1]) Dieselbe findet sich auch bei P. Génin, s. Jaubert, Gloss. du Centre de la France t. I S. 520.

Auftreten des Inchoativsuffixes im Imperfektum dem bei der Ausgestaltung der Konjugation auf -*ir* gewiss mit allem Nachdrucke thätig gewesenen Bestreben, in allen Formen das *i* als den dieser Flexionsart eigentümlichen Laut hörbar werden zu lassen, zu verdanken sei, so sind mit solcher Anschauung keineswegs alle Bedenken beseitigt. In Anbetracht der in einigen östlichen Texten (SSBern., Ezechiel) ganz gewöhnlichen, noch am Ende des 13. Jahrhunderts nicht unerhörten Imperfecta auf *ive* (vergl. Suchier's *venivei* im Metzer Dialekt v. J. 1280, Gröber's Grundriss I S. 613), deren wahrscheinliche Existenz auch im Südwesten bereits Stengel, Ausg. Abh. I S. 69, unter zögernder Zustimmung von Koschwitz, Commentar S. 200, betont hat, erscheint der Schluss erlaubt, dass das französische Gesamtgebiet in vorhistorischer Zeit eine Fortsetzung von vulgärlateinischem *ībam* (= *ĭbam* und *ēbam*) gekannt hat. Ist dies richtig, so ist klar, dass solcher Zustand in den Verben auf -*ir* der soeben berührten Vorliebe für das *i*[1]) vollauf Genüge leistete, sodass ein **punive* = *puni-*

---

[1]) Mit Hinblick auf die Thatsache, dass die romanische Konjugation auf -*ire* ihrem Bestande nach sich aus Zeitwörtern der 2. 3. u. 4. latein. Konjugation zusammensetzt, muss es auffallen, dass an Stelle der beiden lateinischen Suffixe -*esc*- und -*isc*- auf italienischem und gallischem Gebiete -*isc*- zur ausschliesslichen Herrschaft in der Konjugation auf -*ire* gelangt ist. Man geht gewiss nicht fehl, wenn man mit K. Sittl, De linguae latinae verbis inchoativis, Arch. Lat. Lexic. t. I S. 489 diese Erscheinung in Zusammenhang bringt mit der schon im Spätlatein eingetretenen Vermischung der drei genannten Konjugationen, die in so vielen Fällen mit einem definitiven Uebertritt zu lat. IV geendet hat. Wie *florire* für *florēre* (s. Schuchardt, Voc. I 269, II 331), so sagte man auch *florisco* für *floresco*. Beispiele begegnen im Spätlatein häufig genug; ich finde: *lentiscit, grandisco, delitisco* als Varianten für -*esco* in den Hss. des Diomedes; Keil, Gram. lat. t. I S. 343—4; „*conticesco; quidam tamen conticisco protulerunt*", Prisciani Partitiones XII versuum Aneidos (lib. II 47—56) principalium, Keil, t. III S. 471; auf analogischen Uebertritt lässt insbesondere der zuweilen bemerkbare Wandel von -*asco* zu -*isco* schliessen: *puerisco* bei Diomedes, Keil I 344, *elabiscens* bei Sittl a. a. O. S. 492—3. Umgekehrte Schreibung ist dann *dormesco, condormesco* u. s. w. nach Sittl eb. S. 490. Die von letzterem angenommene Parallele von vulgärlat. *florisco* und *florire* erleichtert das Verständnis für das eigenartige Verhalten des Suffixes -*isc*- im Ital., Provenz. und Französischen. Denn die Gestalt desselben in ital. *fiorisco*, prov. *florisc*, franz. *floris* im Vergleich zu lautlich ursprünglich gleichstehenden Wörtern wie

bam selbst dann noch bestehen bleiben konnte, nachdem *punims, *puniz = *punimus, punitis* bereits durch *punissons, punissez* ersetzt waren. Die Möglichkeit eines derartigen Zustandes wird auch nahe gelegt durch das Verhalten der hier in Betracht kommenden Schwestersprachen. Denn, wie ich glaube, unter dem gleichen Einflusse des Betonungsmodus in den übrigen Konjugationen erlaubt sich auch in Italien „die gemeine Sprache" (Diez II³ 157) *florischiamo, -isciamo* in beiden Modis des Praesens, *-ischiate* im Konjunktiv, *-iscente* im Participium; ähnlich in Südfrankreich, wo nach Diez II² 203 die 1. u. 2. Plur. praes. conj. *floriscam, floriscatz* lautet; provenzal. Beispiele für das Particip bei Diez II³ 208, ferner *burdissen*, B. Chrest. (1875), 41, 18; *suffrisen*, 414, 3; 2. Plur. praes. ind. *uffrizetz*, 411, 24; neuprovenzalische Beispiele bei W. Mushacke, Geschichtliche Entwicklung der Mundart von Montpellier (Languedoc), Heilbronn 1884, Franz. Stud. Bd. IV S. 142. Weder das Italienische noch das Altprovenz. sind zu *punisceva fortgeschritten; dazu mochte eben deswegen keine Veranlassung vorliegen, weil das charakteristische *i* im Imperfectum *floriva, floria* unter dem Tone stehend sich in denkbar konkretester Form dem Gehöre darbot. Wenn aber das Neuprovenzalische (erst seit dem 16. Jahrh.) das Inchoativsuffix auch im Imperfectum ein für alle Male erklingen lässt, so sollte damit nach Mushacke a. a. O. S. 144 eine Scheideform gegenüber *vendia* = *vendebam*, mit dem es in der alten Sprache lautlich zusammenfiel, geschaffen werden.

Einen wesentlich anders gearteten Weg nahm die fernere Entwicklung des Imperfektums auf nordfranzösischem Sprachgebiete. Nur einige Mundarten hatten, wie schon bemerkt,

---

ital.: *vęsco* = *viscus, dęsco* = *discus, fręsco* = *friscus*; prov.: *fresc, espanesc*; franz.: *freis, frois, espaneis, -ois, Franceis, -ois* u. dergl. m. lässt sich in der That nur durch Annahme analogischer Annäherung des *i* des Inchoativsuffixes an das *i* derjenigen Formen, in denen letzteres vulgärlateinisch von vornherein vorlag, wie in *finīre* — *florire, finitis* — *floritis, finībam* — *floribam, finīvi* — **florivi, finītum* — *floritum, hinreichend erklären, es sei denn, dass Anton Marx,- Hilfsbüchlein für die Aussprache der lateinischen Vokale in positionslangen Silben (Berlin 1889) S. 8, Recht behält, wenn er unter Beruf auf eine mir freilich nicht ganz einwandsfrei erscheinende Stelle bei Gellius die Regel aufstellt: „Die Wörter auf *sco* haben langen Vokal vor der Inchoativendung, z. B. *labāsco, crēsco, florēsco, scīsco*". So denn auch *obdormīsco*, eb. S. 50.

ursprüngliches -*ive* bis in die historische Zeit hinein bewahrt; auf centralfranzösischem, pikardischem und normannischem Gebiete ist diese Endung bereits in den ältesten uns bekannten Denkmälern durch *eie*, *oie* verdrängt worden. Mit diesem Wandel war aber die Fühlbarkeit des Zusammenhanges, der altes *punive mit den übrigen sämtlich *i* haltigen Zeitformen dereinst verbunden hatte, aufgehoben, und es liesse sich denken, dass die Sprache, um Ersatz für die gestörte Einhelligkeit zu schaffen, sich entschlossen hätte, das Inchoativsuffix nun auch auf das Imperfectum auszudehnen. So verlockend diese Deutung erscheinen mag, so bleibt doch zu bedenken, dass man zu Zeitwörtern auf -*ir* gehörige Imperfecta mit der Endung -*ive* nur für die sogenannte reine, also nicht inchoative Konjugation nachzuweisen vermag: *soffriuet*, SSBern. 9, 26; *offriuent*, 125, 38; *departiuet*, 131, 26; *seruiuet*, 117, 3; *sentiuet*, 90, 30; 149, 20; *teniuet*, 108, 5; 145, 27; *repentiuet*, 134, 15; *oyuet*, 26, 12; 88, 13; 117, 9; *gesiuent*, 70, 5; *issiuet*, 34, 14; *defailliuet*, 168, 25; 172, 30; *seruiuet*, Ezechiel S. 10; *ueniuet*, S. 14; *gesiuent*, S. 10 u. s. w.; nicht dagegen für solche Zeitwörter, die schon im Altfranzösischen ein für alle Male der Inchoativflexion angehören. Da also die genannten Denkmäler zu *punissoie* fortgeschritten sind, trotzdem dem etwaigen Begehren der Sprache, im Imperfectum ein *i* zu vernehmen, ein *punive durchaus genügen musste, so lässt sich nur annehmen, dass ein andrer Grund als der oben für möglich gehaltene die in Rede stehende Neuerung veranlasst habe. Es dünkt mir nämlich wahrscheinlich, dass, nachdem das Inchoativsuffix einmal in die 1. u. 2. Plur. praes. eingedrungen war, die Sprache den in diesen beiden Formen nunmehr in erweiterter Gestalt vorliegenden Stamm im Imperfectum nur ungern vermisste und denselben daher auch hier zu Gehör brachte, sodass mit diesem Schritte die durch Erweiterung von *punims, *puniz zu *punissons*, *punissez* gefährdete Uebereinstimmung, die das Imperfectum hinsichtlich der Bildung des Stammes und der Art der Betonung mit der 1. u. 2. Plur. praes. überall verband, wiederhergestellt wurde, und sich neues *puniss-oie* zu *puniss-óns*, *puniss-éz* verhält wie: *am-óie* zu *am-óns*, *am-éz*; *sent-óie* zu *sent-óns*, -*éz*; *vend-óie* zu *vend-óns*, *vend-éz* und ursprüngliches *pun-ive, *pun-óie zu *pun-íms, *pun-íz.

Ein Blick auf die geschichtliche Entwicklung der Sprache bis in die nächste Gegenwart hinein lässt nun mit aller Deutlichkeit erkennen, dass zu allen Zeiten die mehr oder weniger entschiedene Tendenz lebendig war und noch ist, das von vorn herein bestehende Nebeneinander von Zeitwörtern reiner Bildung und solchen inchoativer Flexion allmälig zu beseitigen; es verrät sich unverkennbar der Hang, alle Zeitwörter auf -*ir* nach einer einzigen bestimmten Norm abzuwandeln, und die Sprache übt auf die schon in alter Zeit in verhältnismässig geringer, wenn auch grösserer Anzahl als heute vorhandenen Zeitwörter reiner Bildung insofern einen Druck aus, als sie dieselben zum Uebertritt in die Inchoativflexion zu bewegen sucht. Einer durchgängigen und überall erfolgreichen Betätigung dieses vulgären Nivellirungstriebes setzt freilich eine sich allmälig zur Mustergiltigkeit erhebende Schriftsprache wie so oft so auch hier einen Damm entgegen, doch lässt sich an dem Verhalten der Mundarten ermessen, wie mächtig jener Drang zur Ausgleichung das Sprachgefühl der Massen beherrscht. Die folgenden Blätter enthalten eine Zusammenstellung aller derjenigen zu meiner Kenntnis gelangten Fälle, die als Belege für das soeben angedeutete Fortschreiten zur Inchoativflexion angeführt zu werden geeignet sind. Die Notwendigkeit eines bestimmten Einteilungsprincipes in der Aufzählung der hierhergehörigen Erscheinungen vermochte ich nicht einzusehen; ich folge daher der oben S. 48 ff. aufgestellten Liste, nur mit der Abweichung, dass ich hier die zu erwähnenden Zeitwörter deutschen Ursprunges in einem besonderen Abschnitte vorausschicke.[1)]

[1)] Bei der Auswahl der im Folgenden vorzuführenden Beispiele musste, insbesondere hinsichtlich solcher Zeitwörter, bei denen man die gemischte Formation im allgemeinen nicht anzutreffen gewöhnt ist, mit einer gewissen Vorsicht verfahren werden, weil bei konjunktivischer Verwendung der in Rede stehenden Zeitwörter infolge der sonstigen syntaktischen Gestaltung des Gedankens oftmals der Schein erweckt wird, als hätten wir es mit einem inchoativen Konjunktiv des Praesens zu thun, während doch in Wirklichkeit in jedem Falle der des Praeteritums vorliegt. So verhält es sich mit Nebensätzen, die von einem historischen Praesens abhängig sind: *Cil qui traient des arbaletes, Par les batailles s'establissent, Que cil dehors nes assaillissent*, GPal. 6268—70, ein

b) Verbreitung des Inchoativsuffixes.
α) Zeitwörter deutschen Ursprunges.

amanevir: Aus Anlass von *amanvet*, Alexius 47c, dem Indikativ Praesentis des aus goth. *manvjan* hergeleiteten Zeitwortes *a-manevir* (Diez, E. W. 633), den G. Paris aus einem Infinitiv *amanever* erklären zu müssen glaubte, hat bereits Tobler, G. G. A. 1872 S. 893 darauf aufmerksam gemacht, dass diejenigen Zeitwörter deutschen Ursprunges, die bei ihrem Eintritte in die französische Sprache sich zur Konjugation auf *-ir* bekannten, vom Inchoativsuffix zunächst unberührt geblieben sind. Als Beleg wird ausser dem unten näher zu betrachtenden *guerpir*

Satz, der völlig gleichgeartet ist mit folgenden: *Dex reclaime et deproie Que d'ileuc le gelast sain et sauf et à joie*, Doon S. 48; *Quant la dame ot ces mos, un sien cosin supplie Qu'il la vousist secorre*, Galïen 286, 54, wo in der Prosafassung der Hs. 1470: *supplie ... veille* steht; *Mais Girart de Sezille ala tost appeller Galïen le vassal et lui va conseiller Que soubz ces draps vestist le bon haubert doublier*, eb. 41, 21—23. Das Gleiche ist der Fall, wenn vor finalen Sätzen, deren Inhalt vom Standpunkte relativer Gegenwart aus als wünschenswert bezeichnet wird, im Gedanken ein *je vueil* oder *vodroie* ergänzt werden kann, z. B.: *Et sui touz pres a vo seruice Pour ce quenuers vous desseruisse Chose qui bien mauroit mestier*, Romvart S. 109, 17—19, oder aber ein im regierenden Satze in der That vorhandenes *je pri, demant* oder dergl. dem Redenden bei der Gestaltung des abhängigen Satzes so vorschwebt, als hätte er an Stelle desselben das höflichere Imperf. fut. gebraucht: *Pour cel Seignor vous prie qui forma Daniel, Que del bourc Saint-Herbert la getissiez isnel*, Chans. d. Sax. I 131; *Pour ce vous requier et demant Que me desissies vostre non*, Atre pér., Herr. Arch. 42, S. 206, 622. Wesentlich keineswegs davon verschieden ist der von Engländer, Der Imperativ im Altfranz. (1889) S. 6—7 betrachtete Fall, wo ein derartiger Konjunktiv des Praeteritums als Ausdruck direkter Aufforderung verwendet erscheint: *Seignour, ie uous fais Garde de Gauuain et por diu, Se il auenoit k'en nul liu Vausist aler, nel souffrisies Deuant ke uous le m'eusies Fait sauoir*, Chev. II Esp. 3448 oder mit vorgesetztem *car*: *Biax ostes, car nous desissies Nouieles ...*, eb. 8659. Besonders verlockend ist die Annahme von Inchoativflexion in folgendem Beispiel: *Mieulx vault que ses fils soient mort Que l'assaillissent en son règne*, Phil. d. Vitry (Tarbé) S. 17, weil man hier aus dem koordinirten *soient* die Berechtigung ableiten könnte, auch *assaillissent* als Praesens anzusehen. Doch dem ist gewiss nicht so, wie das folgende ähnlich gestaltete Satzgefüge zeigt: *moult a Dieu aoré Et deprié du cuer et souvent reclamé Que sa mere li gart en vie et en santé, Et que il la getast de la chetiveté*, Doon S. 102.

das vom ahd. *hatjan* abzuleitende *haïr* angeführt, welches bis in die Mitte des 16. Jahrhunderts gegen das Eindringen des Inchoativsuffixes angekämpft hat.

haïr: Moderne Formen begegnen in der alten Sprache zwar frühzeitig, aber mit äusserster Seltenheit; z. B. *haissanz*, Oxf. Ps. 17, 44; *Bien mostrent comant les haïssent : enuaïssent*, Ly. Ysop. 2757—8; *En lour grant* (sic!) *pances seuelissent Celes que per nature haïssent*, eb. 2785—6; *Mais ausi que tout le haïssent, Le Taidengent et escarnissent*, Barb. Méon. I 229, 638; *se vos haïssez . . . et vos amez*, Serm. Poit. S. 45; *haïsseient*, eb. S. 118; *Tous ses parens l'enhaïssoient*, Fabl. d'Ov. bei Godefroy t. II S. 437 s. v. *debout* (Datum?); *A icest mot Belin se taist, Sa parole mie ne plaist A ceus qui haïssent Renart*, Ms. Cangé des Renart, ed. Méon t. II S. 53, v. 39—41. Knauer, Jahrb. 1871 S. 183 führt an *haïssoient* aus Froiss. Chron. I 183 und aus Cuvelier 4464; ferner finde ich *hayssoit* in dem unpaginierten Druck der Mélusine (S. 26); Palsgrave S. 579 kennt neben sonst alten Formen den conj. praes. *que je haysse*; bei Amyot (ed. Genève MDCXXI) t. I S. 745 steht *haïssoit*; siehe ferner *L'Evangile que haïssez*, Chans. Hug. l. II 168, 4; *nous hayssons*, Macault, Apophthegmes (1553) S. 273a; *hayssent*, S. 276b; *hayssoit*, S. 165a; *hayssoient*, SS. 90b, 267a; *hayssant*, S. 292b; daneben der Imperativ *haye* (sic!), S. 108a; *ie haïssois*, Bern. Palissy, ed. Faujas de Saint Fond et Gobet, Paris 1877, S. 616. Die reinen Formen sind noch im folgenden Jahrhundert nicht ganz ausgestorben; im Plural dürfe man nicht konjugieren: „*nous hayons, vous hayez, ils hayent comme font plusieurs, mesme à la Cour, et tres-mal*", sagt Vaugelas t. I S. 75.

Es darf durchaus nicht befremden, wenn man bemerkt, dass die inchoative Erweiterung zuweilen auch im sing. ind. praes. von *haïr* erscheint, also da, wo sie heute in der Schriftsprache durchaus verpönt ist. Ob man allerdings mit Fichte die 2. sing. *hais*, Cambr. Ps. 5, 5; 44, 7; 49, 17 als inchoative Form, oder mit Meister, Flex. Oxf. Ps. S. 28 als reine Bildung aufzufassen hat, ist zweifelhaft. Möglich wäre die erstere Anschauung desshalb, weil der Oxf. Ps. 17, 44 ja auch *haissanz* kennt, und es ist nicht abzusehen, wesshalb die Sprache das Inchoativsuffix ursprünglich nur in den endungsbetonten Formen zugelassen haben sollte. Schumann, Vocalismus u. Consonantismus des Cambr. Ps., Franz. Stud. IV S. 55 sieht in dem *hais* des Cambr. Ps. überall das Perfectum = lat. *odisti*; sei es Praesens, so erkläre es sich nur durch Anlehnung an *tu fais* = *fakis*. Ich begnüge mich auf folgende Stellen zu verweisen, in denen *haist* mit einem andern Praesens coordiniert erscheint: *par quei nos puissom iceles choses haïr que il haist, e laisser iceles choses que il nos deffent* ..., Serm. Poit. S. 37; *si vos haïssez iceles choses que il haist et vos amez iceles que il aimet*, eb. S. 45, neben *il het*, eb. SS. 101, 203; oder *guerroie et haist* = *insequitur et odit*, Lég. Gir. Rouss. Rom. VII S. 185, 35. Unzweifelhaft liegt doch wohl das Praesens vor an folgender Stelle, die zugleich eine sichere Silbenzählung gestattet: *Combien que pas je ne haÿ*[1] (: *beney*) *Esau mon fils, mais pourtant Certes je ne l'aime pas tant Que Jacob* ..., Mist. V. Test. 12376 ff. Für das 16. Jahrh. wird das Vorkommen von zweisilbigem *je haï* bestätigt von Darmest. Hatzf. prem. part. S. 244 (1887) unter Hinweis auf folgenden siebensilbigen Vers des Estienne Pasquier: *Une que j'aime et hay : esbahy.* Im 17. Jahrhundert sieht sich Vaugelas I 75 genötigt, vor zweisilbigen *ie haïs, tu haïs, il haït*, an deren Ursprünglichkeit übrigens auch Th. Corneille glaubt (s. zu Vaugelas I 371), zu warnen. Solche Formen leben noch in modernen Mundarten; siehe Jaubert, Gloss. d. Centre d. l. France t. I S. 520, das daselbst mitgeteilte *Oh j't'haïs-t-i* = *Oh! que je te hais* kennt G. Paris in der Fassung: *Oh! les maîtres! je les aï-ti*, Rom. VI 438. Siehe auch o. S. 90.

guerpir, anfrk. *werpan*: 1. p. sing. praes. ind. *gerp*: De Bre-

---

[1] Der unrechtmässige Abfall des *s* erklärt sich durch Verstummung dieses Lautes und durch infolgedessen möglich gewordene Einwirkung von *je di, je ri* = *dico, rideo;* vergleiche *je transsi de fain*, Mist. V. Test. 12216 (Ms. C: *transis*); *eclarci* (Imperativ), Psaut. Metz S. 339, 18; *wairanti*, eb. S. 48, 10; *wairi*, eb. SS. 24. 2; 454, 3; 457, 47; *converti*, SS. 231, 4, 8; 259, 15; 242, 4; *resjouy-toi*, Mont. Rothsch. Rec. d. Poés. franc. XI S. 251; *guéri*, Darmst. Hatzf. 2me part. S. 283; *m'esbahy*, eb. S. 52; vergl. noch den Imperativ *relanqi*, Ch. d. Saxons II S. 161. Aehnliche Erscheinungen behandelte ich in Herr. Arch. 79, 359; vergl. dazu *tai* = *lace*, Alisc. SS. 113, 115; Mén. Reims SS. 169, 325; *rassi* (part. für *rassis*), : *aussi*, Chans. Hug. I, LXXVIII; *ly* und *rely* = *lis, relis*, Darmst. Hatzf. 204; *je my* = *mis*, eb. 236; *pui* (*possum*), Cod. J. Meung (Rose ed. 1735) III 3, 50; Chron. Loys Bourb. 309; *puy*, Stavelot 289.

taigne e de Normendie Li gerp e lais la seignorie, Benoît, Chron. d. Ducs d. Norm. 26364—5; 3. p. sing. praes. ind.: *gert, guiert: Si cum Rous gert sa terre e en Canze s'en vait*, eb. t. I S. 13 (Ueberschrift); *E s'il l'i guiert e s'il l'i lait*, eb. 28483; durch Emendation für *gerpist* in: *Si cum Rous gert (guiert) Meullent, e cum senz nul sejor Vait Paris asseeir par force e par vigur*, eb. t. I, 218 (Ueberschrift); 3. plur. praes. ind.: *Tuit le gerpent, tuit le gerreient*, eb. 4289; *Gerpent Paris e tote France*, eb. 4491; 3. sing. conj. praes. *gerpe: Qu'il le gerpe ne qu'il sen isse*, eb. 29340; *N'est qui li lot ne à qui place Qu'il la guerpe sor teu manace*, eb. 36932—3; 3. p. plur. praes. conj. *guerpent: As deus Guillaumes unt mandé Ou que il guerpent la cite Ou que . . .*, eb. 38757—38758; 1. p. plur. praes ind. *gerpun: Si la gerpun qu'el(e) ne seit prise . . .*, eb. 4331; imperf. *gerpeient*, eb. 4215. Vergleiche ausserdem: *deuuerpons*, 1. plur. praes. ind., SSBern. 101, 15; 168, 8; 3. plur. ind. *guerpent*, Serm. Poit. S. 111; 3. plur. conj. praes. *deguerpent*, eb. S. 133; die Imperative *guerpez*, eb. S. 40; *deguerpez*, eb. SS. 62, 198. Die drei angeführten Denkmäler kennen auch die gemischten Formen: 3. plur. praes. ind.: *Kar chascun jor de la semaine Me gerpissent li mien demaine*, Chron. d. Ducs d. Norm. 4911—12; 3. sing. praes. ind. *Le chastel clot e ferme bien Eisi qu'il ne crent nule rien, De vitaille le replenist E de ses homes i gerpist Chevaliers, serjans et archiers*, eb. 11976; 1. sing. praes. ind. *E je le li laie e gerpis: pris*, eb. 15243; *Tot li gerpis, tot a lui vienge*, eb. 20204; 3. sing. praes. ind. *deuuerpist*, SSBern S. 164, 32; 3. plur. praes. ind. *deuuerpissent*, eb. S. 105, 19; 1. sing. praes. conj. *deuuirpisse*, S. 165, 28; 3. sing. praes. conj. *deuuerpisset*, eb. S. 49, 28; S. 113, 36; 3. sing. praes. ind. *deguerpit*, Serm. Poit. S. 6; 3. plur. praes. conj. *deguerpissent*, eb. S. 13; Imperfectum *guerpisseent*, eb. S. 80. Siehe ferner; *Donc loi gurpissen sei fedel*, Passion 42a; *guerpissent*, Rol. 1626; *guerpisson*, Brut 8719; *Atant gerpissent le vaissel*, G. Pal. 4624; *Et gerpissoit tot son roiame*, eb. 7489; *Que par templement ne guerpisse* (3. p.), Rutebeuf II S. 120 und oft.

gehir, ahd. *iehan: regehons*, SSBern. 2, 13; *regihons*, eb. 75, 4; neben 1. s. conj. praes. *regehisse*, eb. S. 15, 1; ind. *regehist*, 28, 17, 22; *regehissent*, eb. 18, 39; 28, 14; 34, 39; 112, 27; *regehissons*, eb. 112, 22; Part. *regehissanz*, eb. 112, 19; *reje-*

hissez, Oxf. Ps. 29, 4; 32, 2; 135, 27; *rejehissans*, eb. 73, 20; *rejehissoit*, Dial. Grég. 122, 14; *A celui vos regeïssez Qui* ... (Imper.), Guill. le Clerc, Vie de Tobie, Herr. Arch. Bd. 62, S. 395, v. 1280; *jehissant*, Manekine 6650; *qu'il gehisse : isse*, Mir. N. D. XXVIII v. 1825; *La rejehisse ses pekies* (3. s. conj. praes.), G. Muis. II 292. Beispiele für das einfache *gehir*, für welches die reine Form nicht nachgewiesen ist, findet man auch bei Godefroy s. v.

marchir vom got. *marka*, Grenze = *grenzen an*; seltene Reste nichtinchoativer Bildung fand ich in: *Tallas, li roys de Danemarche Et Salhadins, qui ci pres marche, Ont assis le roy Urien*, Claris 18617—19; in der Zeile: *La gent qui souz lui maint et marche : marche* (subst.), Watriquet S. 269, 1193, könnte *marche*, welches Scheler, Anm. S. 485, zu *marchir* stellt, auch zu *marchier* gehören; ... *ma terre marche si près de son pays* ... unpaginierter Druck der Mélusine (S. 110); *marchoient* bei Palsgr. S. 632. Vergl. ferner: *Ardenne est d'autre part et le boscage grant, Ou marchent Avalois Franchois et Loherant*, Doon S. 97; *marchoient* in Mss. BC des Mén. Reims S. 171, 330 (im Text *marchissoient*). Häufiger begegnen die gemischten Formen: *Ma dame a tantes genz marchist : gist*, Parton. 6503; *tuit li marchissant*, eb. 6549; *il marchissent*, Prosa-Perceval t. I S. 165 (Potvin); *marchist*, eb. I S. 296; *As paiens ou vos marchissies*, G. Pal. 9089; *Quar Sarasins i marcisoient*, Ph. Mousk. bei Du Cange, Hist. de l'Emp. de Const. S. 225; *marcist*, Merlin t. II S. 35; *marcissoit*, eb. t. II S. 140; *marchissoient*, Grans Cron. de France, Paris 1837 (Redaktion des 14. Jahrh.) t. I SS. 15, 163; *marchist*, eb. S. 85; *marchissent*, Ch. d. Sax. I S. 26, I S. 94; *marchist*, Bast. Buill. 3314; *marchissans*, Mém. Mar. Boucicault S. 205; *marchissoit*, Chron. Loys de Bourbon ed. Chazaud S. 206; *marchissant*, eb. S. 284 und Oliv. d. l. Marche, Mém. t. I S. 45; so noch am Ende des 16. Jahrh.: *Ceste nation ... est si prochaine d'Italie, que les deux pais marchisent*, Claude Fauchet, Recueil de l'Origine de la Langue et Poés. Franç. ... Paris 1581, S. 15.

Hierher stelle ich auch:

croupir und *acroupir*, über deren Herkunft Diez, E. W. S. 174 s. v. *groppo* unterrichtet. Die reine Form ist zu erblicken in: *Si a véu trestot debot Renart qui seur un angle crot*, Renart 23447—8; ... *et en ce s'endort et crout* ..., Mén.

Par. I S. 40 (der Herausgeber merkt an „*croupit?*"); andre Beispiele bei Godefroy II S. 384. Derselbe Lexikograph glaubt wegen *acroupoient* und *acroupant* (I 89) an die Existenz eines Infinitivs *acroper, doch vergl.: *Le pie li lieve, et il s'acrot : tot*, Renart 7593; *Devant ne sai quel Mariole, Qui un enfant tient et acole, Tote jor s'aloit acroupant; Ce nos aloit si acroupant Et destourbant si nostre afaire* ..., De monacho in flumine periclitato, Chron. d. Ducs d. Norm. t. III. S. 515, v. 145—9. (*elle*) *S'acroupoit et se tapissoit*, Rose (ed. 1735) 464. Was man heute *eau croupissante* = *stehendes Wasser* nennt, hiess im 14. Jahrhundert *yaue croupant*, s. Godefroy, fasc. 56, S. 472 s. v. *putast*.

β) Zeitwörter lateinischen Ursprunges.

foïr = *fodire* für *fodere* : *fuet* = *fodit* : *estuet*, Barb. Méon. II 50, 167; *enfuent* = *infod(i)unt* : *poent*, Chron. Ducs Norm. 18398; *foent*, Job (Le Roux de Lincy) S. 467; *enfooient*, eb. S. 468; *fouoient*, G. de Machault, La Prise d'Alexandre 8368; *fouons*, Jub. Mist. inéd. I 155; conj. praes. *foue*, G. de Machault a. a. O. 8374; *enfoue*, Greban 21710 mit Verallgemeinerung des Vokales im unbetonten Stamme; *fouyant* = *fodientem*, Mén. Par. I S. 63. Erweiterte Formen sind mir aus altfranzösischer Zeit nicht bekannt; an Stelle des alten Substantivs *fouerres*, *foueor* begegnet bei Oresme *fouisseur*, s. Godefroy t. IV S. 111; heutiges *fouir* und *enfouir* ist inchoativ. Die seltene Infinitivform *fooir*, Rutebeuf (Jubinal), t. I S. 474, der die reine Praesensbildung zugeschrieben werden könnte, halte ich nur für eine gelegentliche, also sekundäre Gestaltung und vergleiche sie mit *tenoir*, *desvestoir* s. o. S. 12 Anm.

foïr, *fouïr*, *fuïr*, *fuir* = *fugire* für *fugere*. Einmal finde ich *s'enfouyssoient* in der Prinse et Délivrance de François Premier des Sebastien Moreau, Cimber et Danjou, Archives curieuses de l'Hist. d. France, 1re série, tome 2, Paris 1845, S. 258 in einer stilistisch nicht recht klaren Stelle. Der aus Villefranche in Beaujolais gebürtige Verfasser ist sich der Mängel seines sprachlichen Ausdruckes wohl bewusst, erwartet aber unter Beruf auf seine „*nativité beaujoloyse qui en fera excuse*" die Nachsicht der Leser, s. eb. S. 451 und Herr. Arch. Bd. 83, S. 467.

oïr, ouïr = audire: das Vorhandensein des Inchoativsuffixes vermute ich in: ... ouyt et entend ..., in einer „Chronique de Normendie" bei Fr. Michel, Chron. Ducs Norm. t. II S. 339. Auffällig ist auch folgende gut französische Stelle: *Misérable! penses-tu la (la faute) cacher à celuy qui tout oït*[1]) *et tout voit* (anno 1607), Éd. Fournier, Variétés hist. et litt. t. III S. 237; *ouissait* braucht nach Sachs (s. v.) Berthoud (der bekannte Uhrmacher aus Neuchâtel (1727—1807), der mehrere technische Schriften hinterlassen hat?). Die 3. p. sing. praes. *o = audit* wird von Nisard mehrmals durch *ouit* wiedergegeben; s. dessen Étude sur le lang. pop. ou patois de Paris et de sa banlieue, Paris 1872, S. 258 u. S. 336. Neufranz. gewöhnlich *j'ois = audio,* Mol. Le Menteur I 5, Suite du Menteur IV 5, *tu ois, il oit* u. s. w., wenn überhaupt vorkommend; auch Vaugelas I S. 370 betont die einsilbige Geltung von *ois = audis* (s. auch oben S. 65).

joïr, jouir = gaudere : *goons*, G. Muis. II 189; *goés*, eb. II 235 (Inf. *goïr*, eb. II 235); *goent*, A. de la Halle S. 314, *got*, 2482; *goe = gaudeam*, Jeh. et Blonde 4141; *m'esjoi : oi (= audio)*, SGile 1008; *esjoent*, Oxf. Ps. 39, 22; 66, 4; 69, 5; *suresjoent*, 34, 22, 27; 37, 17; *S'esjoent cil qui ne vos aiment*, Chron. Ducs. Norm. 14544; *Diex, con Richars li biaus s'esgot : ot = habuit*, Rich. Biaus 2174; ähnlich Chron. D. Norm. 10801 und Chev. Ly. 6677; : *ot = audit*, Manekine 1954; conj. praes.: *N'i a si nu que ne s'esjoie : la joie*, Rutebeuf I S. 34; bemerkenswert ist auch der Imperatif *esioiz uos*, SSBern. S. 40, 29, 30, 32, 33; *Seignors sainz, or vos esjoiez*, André de Coutances, Herr. Arch. Bd. 62, S. 193, 1676; *D'amors vient qu'ele le conjot : ot*, R. Charr. 4661; *conjoit : deçoit*, Renart 5300 mit Aufnahme des *oi* der 1. sing. praes. ind. und des conj. praes. wie unten *rejoit; Si le congoent et fiestoient*, Dis de l'Emp. Coust. v. 524, Romania VI; conj. praes. *conjoie*, Froiss. Poés. II 208; Imperatif: *Cist me plaist, cestui conjoiez*, André de Coutances,

---

[1]) Ob das Trema über *oït* hier nur von der Hand des Herausgebers stammt, halte ich mit Hinblick auf die in dem mehrfach erwähnten alten Drucke der Mélusine des Jehan d'Arras stehenden Futura *oïrai* u. s. w. (s. o. S. 82) nicht ohne Weiteres für sicher; seltsam wäre dann übrigens der Umstand, dass Fournier nur *oït*, nicht aber auch das unmittelbar folgende *voit* mit diesem Zeichen versehen haben sollte.

Herr. Arch. Bd. 64, S. 187, v. 1066; *Bone novele lor reporte Qui les rejoit e reconforte*, Guill. le Clerc, Vie de Tobie, Herr. Arch. Bd. 62, S. 392, v. 993—4; conj. praes. *resjoie*, Froiss. Poés. II 208. Die Inchoativflexion ist bereits in alter Zeit sehr gewöhnlich; neben *esjoient*, Cambr. Ps. 67, 3 steht *esjoïsse*, eb. 96, 1; *Ces m'esjoïst e mult me haite*, Chron. Ducs Norm. 8366, ähnlich eb. 15294; *Levez sus, esjoïssez vos*, André de Coutances, Herr. Arch. Bd. 64, S. 186, v. 1016; *esjoissans*, Rom. d. Eles 321; *esioist*, SSBern. 128, 10; 159, 27; *esioissons*, 29, 23; 52, 4; *Osmunt loe, joïst e baise*, Chron. Ducs. Norm. 14117; *A grant merveille se joïssent : partissent*, eb. 10791; *goÿscent*, G. Muis. II 54; *goiscoit*, eb. II 18; *joissoit*, Mir. N. D. IV S. 190, v. 1164; *Il s'en esjoïst durement*, Durm. 11890, 14567; *esjoïssoit*, Manekine 3982; *Et cil oisel s'esioissoient*, Chev. II Esp. 3163; ... *Qui esjoïst mon cuer trop grandement*, Chr. de Pisan, Oeuvres Poét. (ed. Roy) S. 158, 10; ... *Il beisoit Et conjoïssoit Lancelot*, R. Charr. 6830—1; *Molt l'enorent et conjoïssent : feïssent*, eb. 2066. Vergleiche im Altfranz. die Nomina: *joiance, jouissance; joiable, joissable; esgoïssement*, Chron. D. Norm. 10806.

muïr = *mūgire*, *Quant il l'orroit braire et muïr* : *oïr*, Ph. Vitry S. 115, gewöhnlich *muire* (s. o. S. 12): *Escoutes que no vache muit : deduit*, Ad. Halle S. 313; *Prestre Martin ne rit ne muit : fuit*, Renart 7507; *muit*, Doon S. 47; *muyans*, E. Deschamps (ed. Champ.-Figeac) I S. 54; *mugiant*, Paré XIX 33 (Littré); dieses, sowie:

*roïr = *rŭgire*, *ruir* (16. Jahrh.) bei Godefroy s. v.; *ruire* : *Si com lion qui prant et ruit : tuit*, Lib. Psalm. Appendix (Michel) XXI 13; *si cum leons ravissans et ruianz*, Oxf. Psalt. 21, 13; Cambr. Psalt. 21, 13; *Li lioncel ruient* ..., Lib. Psalm. App. CIII, 22; *cil qui ruient cum lieon*, SSBern. 121, 1, nehmen im Neufranzösischen mit Zugrundelegung der lateinischen Stämme *mug-* und *rug-* das Inchoativsuffix auf: *mugissant* (anno 1493) siehe Godefroy I 632, s. v. *beser*; für altes *muiement* steht *mugissement* bei Jean Lemaire in der Secunde Epistre de Lamant Vert (zwischen liv. I u. II der Illustr. de Gaule); *rugissement* bei Littré; doch vergl. auch *muissement, ruissement* (Dial. Grég. 117) bei Godefroy s. v. v.; *ruist* = *rugit* bei R. Stephanus, eb. s. v. *ruire*.

Hierher gehört auch *bruire*, dem, falls die Ableitung von

rugire richtig ist, ein **broir, bruïr* vorangegangen sein muss; *bruïr* wird belegt aus Froiss. XIII 254 von Scheler zu Bast. Buill. S. 308—9, siehe übrigens o. S. 12. Altfranz. ist dieses Wort durchaus reiner Bildung: *De joie bruit tote la corz*, R. Charr. 5273; *Jusqu'à la rivière qui bruit* : *nuit*, Rutebeuf I S. 251; so auch um 1530: *un bruyt qui bruioit a merveilles*, Mont. Rothschild, Rec. d. Poés. franç. t. XI S. 247; part. *bruiant*, Brun Mont. 3095 (14. Jahrh.); auch heute ist die reine Form nicht unerhört, doch scheinen die seit etwa 100 Jahren auftauchenden Formen mit inchoativer Erweiterung (s. *bruissaient* bei Bernardin de Saint-Pierre, von der Gram. d. Gramm. ed. 1867, t. I S. 557 als „*incorrection*" bezeichnet) immer mehr an Boden zu gewinnen, vergl.: *Paris qui bruissait à leurs pieds*, V. Hugo, Notre-Dame de Paris, 10me édition, Bruxelles 1835, t. I liv. IV chap. III S. 257; *tout bruissait et tournait autour de lui*, eb. liv. VII ch. VIII (t. II S. 220); Paulin Paris übersetzt das *bruient* in *Bruient banieres et penoncel flori* mit *bruissent*, cf. Gar. Loh. t. II S. 167, Anm.; *Un froufrou de soie bruissait*, Ohnet, L'Ame de Pierre S. 109. Vergl. das alte Substantiv *embruïssemenz* : *Apres la grant noise et le sun Entrèrent tuit en la maison, Od lidus embruïssemenz Sur lui rechinièrent lur denz*, Marie de France, Purg. Patr. 835—8. Es kann übrigens als sicher gelten, dass die heute sehr starke Neigung, dem Diphthongen in *bruire* und in *bruit* zweisilbige Aussprache zu geben, sowie die Einschaltung des Inchoativsuffixes in keinem ursächlichen Zusammenhange mit der alten Infinitivform *bruïr* steht, denn dieselbe ist längst verschollen; es ist vielmehr denkbar, dass die nach Tobler, Versbau S. 78 und nun auch nach Koschwitz, Gram. d. Neufranz. Schriftsprache S. 45 nach vorangehendem *br* wahrscheinlich eingetretene Diärese des *ui* — vergl. namentlich den Inf. *bruire* bei Prudhomme (Tobler a. a. O.), der trotz zweisilbiger Geltung des *ui* sein stummes *e* nicht aufgegeben hat — die Veranlassung zur Einführung der inchoativen Erweiterung geworden ist.

bouillir: Belege für die im Altfranz. ganz gewöhnliche reine Form sind hier nicht nötig; die Sprache entschliesst sich nur selten zur Aufnahme des Inchoativsuffixes; z. B.: ... *bolissant l'abondance de cest mont* ... = *feruente mundi copia* ..., Dial. Grég. 210, 11; häufiger das Kompositum *esboillir*: *Entred purreture es miens os, e desuz mei esbuillissed*, Cantic. Habacuc, Oxf. Ps. S. 272; *Que del grant chaut esboillissant*, Chron. Ducs Norm. 39304; viele Beispiele bei Godefroy III S. 342 neben *esbout, esbouillent* u. dergl. Einmal finde ich *parboulissent: En Gascongne, quant il commence à faire froit, ils achètent des langues, les parboullissent et pelent et puis les salent* ..., Mén. Par. t. II S. 177 neben dem Imperativ *parboulez*, eb. t. II S. 133. Vergl. die Substantiva: altfrz. *bouillisseure*, neufrz. *débouillissage* neben *débouillage*.

cueillir: nur mundartlich begegnet *cueillissez* (Imperativ): *Que sert d'être auprès du rosier, sans en pouvoir cueillir la rose? Cueillissez, amant, cueillissez, car c'est pour vous, qu'elles sont écloses*, Rom. VII S. 61, IX 7; derselbe Gedanke fand in der Pikardie folgenden Ausdruck: „*Peut-on être auprès du rosier Sans en pouvoir cueillir la rose*"? — „*Cueillissez-la, si vous voulez, car c'est pour vous qu'elle est déclose*", s. Wilh. Scheffler, Die französische Volksdichtung und Sage, Leipzig 1884, S. 96. Vielleicht ist auch *je ... cueillis* in einem ebenda S. 70 mitgeteilten Volksliede aus der Champagne als Praesens aufzufassen. Das neufranz. Substantiv *cueillissage* neben *cueillage* wird von Littré s. v. heftig getadelt.

faillir und *défaillir* werden heute vielfach inchoativ flektiert; s. Littré s. vv.

saillir hat die reine Bildung nur noch als *terme d'architecture* gerettet: *il saille* für *saut* (s. o. S. 58); dass in der eigentlichen Bedeutung *je saillis* (für *je saille* oder älter *je saux* für *sail*) im 17. Jahrhundert nicht mehr auffiel, geht hervor aus Patru zu Vaugelas II 261. Das Kompositum *assaillir* scheint zu keiner Zeit der Inchoativflexion zugänglich gewesen zu sein, wohl aber *tressaillir*, von dem „*Rousseau et quelques autres écrivains*" das Praesens *il tressaillit* für heute übliches *tressaille* bildeten, und zwar „*par euphonie*" (?!) nach der Gram. d. Gram. (ed. 1867) t. I S. 527; vergl. auch Mätzner, Franz. Gram. (1856) S. 226. In älterer Zeit finde ich: *Je sens tant joyeulx mon courage, Que mon cuer tressaillit de joye*, Anc. Théat. III 103.

finir, altfranz. *fenir*. Sehr auffällig ist *feniens* in: *... iai soit ke nos ne feniens d'orer ...*, SSBern. 155, 3 = *licet nunquam ab oratione cessemus*, Migne, Patrol. Sp. 179, 5; s. o. S. 49; nach Tissot flectiert *finire* im Patois des Fourgs einfach, s.

Mussafia, Zur Praesensbildung S. 6, Anm. 1; *fin = finio : latin*, Raynaud, Rec. de Motets Français t. I S. 73, 44 kann für sich betrachtet ebensowohl zu *finir* wie zu *finer* gehören.

ferir = ferire begann, bevor es ausstarb, zur Inchoativflexion zu neigen: *Autrefois ferissoit d'un[e] coignee ou d'un mail . . .* Mém Maréch. de Boucicaut (Anfang des 15. Jahrh.), S. 22; *ferit* coordiniert mit *est . . . offense . . . engendre . . .*, Rab. Pant. liv. III ch. XLIX; *Attendu qu'au seul flair issant des lauriers, figuiers, et veaulx marins, est la fouldre détournée, et jamais ne les ferit*, eb. liv. IV ch. LXII; 3. pl. praes. ind. *ferissent*, eb. liv. V ch. XXIV; *Homme de bien, frappe, feris, tue et meurtris . . .* (Imperative), eb. liv. V ch. VIII. Ein altfranz. Beispiel ist: *Vers lui des esperons ferit : rit*, Claris 2776, koordiniert mit . . . *sent, lieve, voit, cuide, merveille . . .* (die 3. perf. würde *feri* lauten, s. *menti*, eb. 2789). Das Kompositum *aferir* erscheint bei Adenet mehrere Male mit dem Inchoativsuffix versehen: *C'est chose qui aferissoit*, Cleom. 17068 neben *aferoit*, Cleom. 17825, 17672; Enf. Og. 3909, 4852, 5008; vergl. das adjectivische *aferissant*, Cleom. 9789, 17937, 17128 u. s. w.; Enf. Og. 7588, neben *aferant : Ains ert chose bien aferant*, Cleom. 17166; Enf. Og. 7598; s. auch Scheler zu Enf. Og. S. 314; andere Beispiele bei Godefroy I S. 131—2.

merir = merēre kannte die reine Bildung neben der gemischten: *Or me pesera molt se nel te mier* : *fier = ferio*, Ger. de Ross. S. 342 (s. Godefroy V S. 259); *merons nous cest blasme?* Consol. de Boece, ms. Montp. H. 43, f⁰ 3ᵃ bei Godefroy V S. 258; conj. praes. in der häufigen Wendung (*que*) *Dieus le uous mire*, s. Par. Duch. 1283, 1307; *: sire*, Cleom. 12058; Rich. Biaus 851; *: dire*, Claris 11788; daneben *merisse : si doinst largement et merisse a ciaus qui siervice li font . . .*, Li Hystore de Julius Cesar ed. Settegast S. 103, 3.

Die Komposita von *ire* : *perir*[1]), *subir, transir, cohir = coire*, Vieille, S. 36, im 16. Jahrh. auch *interir* und *preterir*, sind, wie es scheint, von vornherein inchoativ flektiert worden; vergl. conj. praes. *perissent*, Alexius 60, 4; *je transsi[s] de faim*, Mist.

---

[1]) Flectiert im Italien. auch rein; vergl. das Sprichwort: *Chi di coltello fère (o ferisce) Di coltello père (o perisce)*; poet. Konjunctiv *pèra* s. Petròcchi, s. v. *perire*.

V. Test. 12216; *S'il le plaist que point ne transissent* : *gemissent*, eb. 24523; *preterit* bei Belleforest, s. Godefroy fasc. 55 S. 396. Diesen Mustern folgte gewiss ursprünglich das ziemlich spät in der Sprache auftretende *circuir*; z. B. ... *selon le nōbre des douze signes du Zodiacque qui circuissent la terre vniuerselle* ..., Jean Lemaire, Ill. Gaule liv. I ch. 35. Ueber die Gefahren, die hier der Inchoativflexion drohten, s. o. S. 13 ff. Eine Sonderstellung nimmt ein *eissir, oissir*, lothr. *uxir, ussir*, gewöhnlich *issir* = *exire*. Hinsichtlich der Gründe, die dem *i* an Stelle des Diphthongen die Alleinherrschaft verschafft haben, ist Sicheres noch nicht festgestellt, s. Behrens, Unorganische Lautvertretung S. 44. *Issir* ist von der inchoativen Erweiterung stets unberührt geblieben, vermutlich weil Formen wie *is, is, ist, issons, issez, issent*, der Imperativ *is* (*is hors, is hors, sanglant vilain*, Jub. Myst. I 134; *si is de ci*, Mir. N. D. XIV S. 262 v. 917; *Is hors, is de celle chaudiere*, eb. XXII v. 1377, neben *eis fors* = *egredere*, Dial. Grég. 244, 19), *issoie* schon ohnehin den Eindruck machten, als gehörten sie zur gemischten Konjugation auf -*ir*. Da, wo der Diphthong *ui*, wenn auch zu *u* vereinfacht, zur Alleinherrschaft gelangte, also im neufranz. *réussir*, trat das Inchoativsuffix ein. Heutigen Formen wie *reussissais, réussissant* stehen altlothringisch gegenüber: *uxoient* in einer Metzer Urkunde vom Jahre 1304, s. Godefroy III S. 18; *sorussanz de chariteit*, SSBern. 59, 15; *sorussant*, eb. 128, 27; 159, 22 von dem Infinitiv *ussir*, eb. 164, 34.

toussir = *tussire* noch während des ganzen 16. Jahrhunderts an Stelle von neuem *tousser* nachweisbar; vergl. Clément Marot, ed. 1731 t. II S. 179; Rab. Pant. liv. III. ch. III; R. Garnier (ed. Förster) 6, 97; Beza, De franc. ling. recta pron. S. 38, neben *tousser* im Journal d'un bourgeois bei Gringoire I 187; *tousser* : *ronfler*, Anc. Théat. I S. 68; Mont. Rothschild, Rec. de Poés. fr. IX 319; *je tousse*, Palsgrave S. 583; *tousser*, Rab. Garg. liv. I ch. XXXVIII; liv. I ch. XLI; Rab. Pant. liv. II ch. XVIII. Bevor *toussir* aus der Sprache schwand, bildete es an Stelle der alten regelrechten von Littré s. v. belegten *je touz, il tout* (und vielleicht *il toussent*, Gringoire I 188; 3. p. conj. praes. *tousse* in: *Et tousse tousjours à toute heure*, Vieille S. 157), Formen mit inchoativer Erweiterung, z. B. *toussissoient*, Rab. Pant. liv. II ch. XXVIII. Ob Rabelais auch die reine Form kennt, ist nicht sicher, denn *toussans*, Garg. liv. I ch. XVII; *toussant*, cb. liv. I ch. XVIII; Pant. liv. III ch. XXXVII; *toussez*, Pant. liv. IV Prologue; liv. V Prologue; *toussoit*, Garg. liv. I ch. XXI; Pant. liv. III ch. XX; liv. IV ch. XXXII; *toussoient*, Pant. liv. III ch. XV sind ohne Beweiskraft, da sie *tousser* (s. o.) und das Futurum *tousserons*, Garg. liv. I ch. XLI neben sich haben.

glo(u)tir = *glutire*, gewöhnlich in Compositis wie *deglo(u)tir*, *englo(u)tir*, *esglo(u)tir*, *transglo(u)tir*, *estranglo(u)tir* begegnend, folgt ursprünglich der reinen Flexion: conj. praes. *transglutet*, Cambr. Ps. 68, 18; Oxf. Ps. 68, 19 (von Fichte irrtümlich zu den conj. praes. der ersten Konjugation gestellt); *transglute*, Barb. Méon IV 262, 230; *transglout le duel*, Meraugis S. 152; *Terre, quar orres, si me va transglotant*, Bat. d'Alesch. 767; *Que mer sorbist tot et englout : tout*, GPal. 1545; *La tère oevre et si l'englot*, R. d. Thèbes, Constans, Lég. d'Oedipe, Appendice S. XVIII; *englout*, Berner Liederhs., Herr. Arch. Bd. 43, S. 246; : *glout*, Watriquet S. 266, 1115 (vergl. dazu Schelers Note S. 483); *engloutoit*, eb. S. 265, v. 1071; *englot*, Notes et Eclairciss. zu Rutebeuf, Jubinal II S. 320; conj. praes. *Ne gart l'eure terre m'engloute : gloute*, eb. t. II S. 294; : *goute*, II 320; : *gloute*, *toute*, Prière de Théoph. eb. II 328; : *toute*, G. Muis. II 210; : *gloute*, eb. I 68; *Ahi terre, quar oevre, si me va engloutant*, Rutebeuf II S. 95; Aliscans S. 22. Daneben begegnen schon früh die erweiterten Formen: *transgloutissoient*, Guiart Roy. lign. 20856 (s. Godefroy t. VI S. 177 s. v. *pissace*); *engloutit* (ind. praes.), Mén. Par. t. I S. 49; *engloutissent*, Watriquet 77, 11; *engloutissoit*, eb. 264, 1051; *Ou que terre ne m'englotisse : vice*, Mir. N. D. XVI S. 358, v. 285; *engloutisse* (3. conj. praes.), Psaut. Metz S. 192, 19; : *vomisse*, Vieille S. 157; Rab. Pant. liv. IV ch. LIII. Substantiv *englouteur* und *engloutisseur*.

covir = *cŭpire* für *cŭpere*; häufiger ist das noch im ganzen 13. Jahrh. gebräuchlich gewesene Kompositum *enco(u)vir*. Soviel ich sehe, haben sich nur im Lothringischen einige spärliche Ueberreste reiner Bildung neben inchoativ flektierten Formen erhalten: ... *et ne mies la meie, mais la beneizon de uostre pere celestien, cui uos receuez per ma boche selonc ceu qu'il doneir la me uuelt, uos couf*[1] *iu et si desir ke* ..., SSBern.

---
[1] Schon G. Paris vermutete in dieser ihm aus SPal. bekannt gewordenen Form die 1. sing. praes. von *covir*; s. Rom. X S. 51, Anm.

S. 146, 23—27, lat. Text: *Imo vero ipsam benedictionem coelestis utique Patris nostri, non meam (quam tamen ipso quidem dignante accipitis per os meum) opto vobis benedictionem manere semper* . . ., Migne, S. 376, 1 ff.; von dem Infinitiv *encuuir*, SSBern. S. 5, 22 (*nule chose c'um puist encuuir*, eb. S. 153, 4 = *omne quod concupiscitur* . . ., Migne S. 382, 12) begegnet einmal die erste Person plur. praes. ind.: *encuuons : Tuit encuuons totes cez choses uoirement*, SSBern. 50, 17 = *Haec sunt quae concupiscimus*, Migne S. 109; die 2. plur. praes. ind. *encuuiz : Moneiz* (= *menez*) *joie uos qui encuuiz granz choses*, eb. 25, 16 = *Exsultate quicumque estis grandia concupiscentes*, Migne S. 88, 2. Daneben folgende erweiterte Formen: *Dous gerbes sunt que tu quiers, li une si est d'onor, li altre si est de repos. Tu encuuis lo seor et la haltesce*, SSBern. 151, 39, lat. Text = *Duo manipuli sunt quos quaeris, honoris scilicet et quietis. Sessionem affectas et altitudinem*, s. Migne 381, 11; *De ceu uient ceu k'ele si agrement* (sic) *encuuist encontre l'esperit et k'ele si assidueiement murmuret et k'ele discipline ne puet soffrir* . . ., SSBern. 153, 35, lat. Text = *Illinc est quod tam acriter caro adversus spiritum concupiscit, quod assidue murmurat, et impatiens est disciplinae*, Migne 178, 1; . . . *mais encuuisset a penre la ueniance! cil qui nen est mies dignes que ueniance soit prise de lui* (zweite Hand), SSBern. S. 163, 30, lat. Text = . . . *sed is punire gestiat qui dignus non est etiam ipse puniri*, Migne S. 393, 2.

resplendir = *splendere*. Palsgrave's Angabe S. 703: *Je resplendis sec. conj. But John le Mayre useth : je resplens, tu resplens, il resplend : aussi resplend la ducalle baniere. But all other tenses be ever used of the seconde conjugacion* darf für die ganze altfranzösische Zeit fast uneingeschränkte Geltung beanspruchen; denn die reine Bildung hatte sich, soviel ich sehe, besonders im ind. praes. und im part. praes. erhalten, während das Imperfectum fast ausnahmslos der Inchoativkonjugation folgte, zu der übrigens auch das praes. seit früher Zeit die stärkste Neigung verrät. Erwähnenswerth ist hier indess das reine Imperfectum *resplendoit*, Renel. Mol. M. 241, 12, auf welches mich Tobler aufmerksam macht; vergl. ferner *splendoient : Un char de riche ator dont les roes splendoient Par or et par argent* . . ., in der poetischen Version des Jul. Cesar, bei Settegast S. 8; existiert ein Infinitiv *splendir*? Ich erinnere an eine volkstümlichere

Form *esplendir* : *Joffroi refiert sor l'iaume esplendissant*, Enf. Og. 5501. Es stehen neben einander: *resplent* : *encantement*, Flor. Blanch. 1824; *resplendissans*, eb. 2280; *resplent* : *argent*, Durmart 8435; *resplendent* : *fendent*, eb. 10249; : *pendent* 11649; *resplendist* : *rist* = *risit*, eb. 8511; *resplendissent* : *retentissent*, eb. 13587; *resplendissoit*, eb. 10006; und aus noch älterer Zeit: *resplent* : *argent*, Chron. Ducs Norm. 10489 neben *resplendissent*, eb. 26128; *resplendissanz*, eb. 26126; *resplendisseit*, eb. 9978. Das gleiche Schwanken zeigen fast alle altfranzösischen Texte: *resplent*, Enf. Og. 2622, 2640, 5195 : -*ent*, neben *resplendist*, eb. 5256, s. Schelers Note dazu S. 261; *resplendent* : *amendent*, Christ. Pisan, Long Estude 4190; adj. *resplendant*, eb. 2438, 2535 neben *resplendist* : *yst*, eb. 1765; *resplendissant*, eb. 1973, 2266, 2335, 2454 und noch Jean Lemaire kennt neben *resplend* (s. *respléd*, Illustr. Gaule liv. I ch. 31) *vous . . . qui resplendissez*, Illust. Gaule liv. II Prologue; *resplendissoit*, eb. liv. I ch. 28; liv. II ch. IV f⁰ 7v. Vergl. auch das Substantiv *resplendor*, Durmart 7650, 8084 neben *resplendissours*, Enf. Og. 5692.

grondir = *grundire* (s. o. S. 14) ist gewöhnlich der reinen Bildung gefolgt: *Ce est si voirs que nus n'en gront* : *mont*, Parton. 5004; *Einz crolle le chef et si gront* : *respont*, Renart 22762; *Quant ce voit l'amperercs, ne puet muer ne gronde* : *soronde*, Chans. d. Sax. t. II S. 44; daneben *grondisent* : *Et li jaiant grondisent autresi comme porcz*, Doon de Nant., Rom. XIII S. 23 v. 189 (s. auch Godefroy s. v.).

rendir, randir: Es ist zweifelhaft, ob die oben S. 15 angeführte nicht inchoative Praesensform *rent*, die auch mehrmals in *ent*-Tirade begegnet, z. B. Doon SS. 148, 207, zu diesem Zeitworte gehört (s. Toblers Bedenken o. S. 15); inchoative Bildungen bei Godefroy VI 590.

mentir = *mentiri*: die im Italienischen erkennbare Neigung zur Inchoativflexion ist in Gallien nur mundartlich nachzuweisen; in Centralfrankreich erklingt zuweilen ein Praesens *je mentis, tu mentis* u. s. w., s. Jaubert, Gloss. d. Centre d. l. France t. II S. 67.

repentir und *sentir* dagegen scheinen der reinen Bildung überall treu geblieben zu sein, wiewohl *sentisco, persentisco* bei den römischen Komikern und Lucretius nicht unbeliebt war, und zwar, was wichtig ist, ohne eigentlich inchoative Bedeutung; vergl. K. Sittl, De linguae latinae verbis inchoativis, Arch. f. Lat. Lexicogr. t. I S. 468 ff.; S. 497—99.

Das Gleiche gilt von *dormir*[1]), *endormir*, *condormir* (*condormirent*, Passion 31b); *dormisco*, *indormisco*, s. Sittl, a. a. O., sowie *condormisco*, *addormisco*, *obdormisco*, *edormisco*, *perdormisco* liegen im Lateinischen vor, und zwar gehören derartige Bildungen der vulgären Rede an (mit Ausnahme von *obdormisco* und *addormisco*) s. Sittl. a. a. O. Vergl. das altfranz. Substantiv *endormissement* neben *endormement*.

partir = *partiri* *teilen*, und seine Komposita: *apartir*, *departir*, *empartir* (*impartir*), *entrepartir*, *espartir*, *mespartir*, *mipartir*, *répartir*, *trespartir* zeigen schon früh die Neigung, zur Inchoativflexion überzutreten; *répartir*, *impartir*, *mépartir*, *mipartir* haben diese Konjugationsart bis heute beibehalten, während *départir* in gleicher Bedeutung sich für die reine Bildung entschlossen hat. Man findet neben einander: *Tot le* (seine Habe) *depart que giens ne l'en remest*, Alexius 19b; *Va departant tos ses deniers*, Guill. d'Angl. S. 124; *E vostre pain et vostre vin Od la vedue, od l'orfenin Partez* ..., Guill. le Clerc, Vie de Tobie, Herr. Arch. Bd. 62, S. 388, v. 589—91; *E anceis que mort vos departe : quarte*, eb. S. 393, v. 1075; *La presse part com hons de grant fierté*, Bat. d. Alesch. 6082; *En .III. parties tout sanz doute Partoient leur sustance toute*, Gaut. de Coinsy, Herr. Arch. Bd. 67, S. 88, v. 181—82; *Ainsi partoient leur avoir*, eb. v. 187; *Iluec vos proi que voz voz mipartoiz*, Gaydon S. 29; *Ne sai c'il partent a droiture*, Ruteb. I S. 166; *Et qu'a soie merci ne seroit ja partans* (*teilhabend an* ...), Brun Mont. 1312; *Li espirs de lui se trespart*, Hyst. de Jul. Cesar 126, 2; *Que leurs despouilles ilz departent Egaument et les s'entrepartent*, Chr. Pisan, Long Estude, 5813—14; ... *Qui rulez* (sic) *cops donne et depart : part*, G. de Machault, Prise d'Alex. 5525; *La riviere qui despart Espaigne et Portugal*, Chron. Loys de Bourbon (ed. Chazaud) S. 194; *Quand Amour departoit ses grands tresors* ..., Mém. Mar. Boucicaut S. 46; *Ladicte rivière qui depart les royaulmes de France et de Castille* ..., Mont. Rothschild, Recueil de Poés. Franç. t. XI S. 238; *departions* = *wir teilten*, Rab. Pant. liv. V ch. XIX; *Cesar en ses commentaires mespart la ci-*

---

[1]) Es hat in Schweizer Mundarten folgende Doppelgestalt im Praesens: *drème̊se, do, do, drème̊se, dreml, drèmęsō*, Mussafia, a. a. O. S. 6, Anm. 1.

salpine en trois parties ..., Jean Lemaire, Ill. Gaule liv. I cb. I, ähnlich eb. liv. III f⁰ XIʳ; *Se Diex de ces biens me reparte*, Rutebeuf t. I S. 292; *Repartez leur cez biens ecclesiaux*, Eust. Desch. I 183; mit dem Reflexivpronomen: *Aincois qu'il se parte de la*, Cleom. 5022; *Ains que de nos vos departeiz*, Chron. Ducs Norm. 13216; *Que nous nous departons* ..., Brun Mont. 1060; *Ainsi droiture se départ = geht von hinnen*, Rutebeuf I S. 233; für *partir* ohne pron. refl. sind Belege nicht nötig. Beispiele für inchoative Flexion datieren aus ältestér Zeit: *El' plus espès si's rumpent et partissent*, Rol. 3549 (= „coupent en deux", Gautier); *Ordenent lur genz e garnissent E en conreiz les departissent*, Chron. Ducs Norm. 1207—8; *Les rotes fendent et partissent: burissent*, Durmart 7932; oder beide Arten nebeneinander: *Derechief, de toutes les amendes la ou li seignor ensamble prenent et parlent et partissent, le vile en a les II pars* ..., Coutumes d'Amiens (1249), s. Bartsch et Horning, Langue et Litt. frç. Sp. 451, 29; *partissoient*, Lai de l'Epervier, Rom. VII S. 3, 19; *partissoit*, Cygne 14163; *Tel cuide avoir femme touz seulx, Qu'à li partissent plus de deux*, Mir. N. D. XXVIII v. 649—650; *As disiteus souvent partissent leurs aumosnes*, G. Muis. I 196; *partissons = lasst uns teilen*, Greban 25665; *partissant*, eb. 30620; *Et leur(s) impartissez voz biens*, Anc. Théat. t. III S. 432; *partissons, partissez, que je partysse*, Palsgrave S. 514; ... *deux lignes partissoient esgalement la colonne* ..., Rab. Pant. liv. V ch. XLII; *Il convenra qu'en .II. nos gens mipartissons*, Aye d'Av. S. 117; ... *deux diametres mipartissant un cercle* ..., Rab. Pant. liv. V ch. V; *Or en ait Dieus les âmes quant du siècle partiscent: povriscent* ..., G. Muis. II 59; *Nous le comptions* (das Geld) *et partissions comme frères* (anno 1615), Éd. Fournier, Var. hist. et litt. t. VII S. 77. Vergl. schliesslich noch: *Od merciz rendunz se partissent: joïssent*, Chron. Ducs Norm. 10792; *Car je les vi monter quant ie m'en partissoie*, Brun Mont. v. 320 (neben *Dist Bruians : „Il est tans que de ci nous partons"*, eb. 854); *Je cuic, vostre non me dirés, Ancois que nos departissons*, Fergus S. 179, 3—4.

espartir = blitzen: Quant il pluet et vente et espart: part, Evrat, la Genèse, bei Bartsch et Horning a. a. O. Sp. 308, 9; *Adonques tonne il et espart: espart* (subst.), Ph. Vitry 22; *espartoit* in den Hss. AS und in der poetischen Version des Jul. César, im Texte *espargoit*, s. ed. Settegast S. 58, 20; daneben: *Que s'il espartist, pleut ou vente*, Panth. d'amors 1972; *espartissoit*, Perc. V 301.

vertir = *vertere*. Von einer Betrachtung allgemeineren Inhaltes kehrt Benoît zu seinem eigentlichen Stoffe zurück mit den Worten: *Vertom a ce qu'avom a dire*, Chron. Ducs Norm. 20554. Die inchoative Flexion ist die Regel. Die Komposita folgten ebenfalls ursprünglich der reinen Bildung:

a) *convertir* : *Regnum Dei nuncent per tot, Per tot convertent gent et pople*, Passion 122 b—c; *converteient sei* = *convertebantur*, Cambr. Ps. 77, 34; *convertans*, eb. 18, 7; Oxf. Ps. 18, 8; 125, 1; conj. praes. *conuertiens*, SSBern. 135, 37 u. 136, 10 (2 mal) = *convertamur*, Migne 171, 1; Imperatif 2. pl. *conuertiz*, SSBern. 135, 34; 136, 37, 38; neben *convertisset* in *i*-Assonanz, Rol. 3674; *enconvertisset*, Job (Le Roux de Lincy) S. 466; *convertissoit*, Brut 5341; Imperat. 2. sing. *conuertis*, SSBern. 137, 23; conj. praes. *conuertisses*, eb. 137, 22 = *convertaris*, Migne 172, 3; *conuertisset*, SSBern. 48, 12; 74, 16; 125, 40; 3. s. *convertisse*, Ruteb. II S. 111.

b) *porvertir* : *Cil porvertent tuit dreiture Por terriene poreture*, aus einer Cambridger Hs. mitgeteilt von Godefroy, fasc. 55 S. 326.

c) *revertir* : *Ceste ledice revert a grant tristor*, Alexius 14 c; *Revert en cendre e en poudrer*, Chron. Ducs Norm. 39707; *A ce revert mainte feiee Ovre cruele e desleiee*, eb. 16608; *Toz jors torne e revert sor sei*, eb. 12682; conj. praes. *Toz jorz crement que lor deserte Sur les cous lor chée e reverte*, eb. 22476—7; *Que . . . reverte : moleste*, eb. 23708; *. . . Chascon si crien*[*t*] *. . . Qu'a dol reverte le païs*, eb. 24836; *Sor tei reverte le damage*, eb. 34930; imperf.: *S'erent Frаunceis* (sic) *cruels e fels, Mult reverteit sovent sor eus*, eb. 12697—8; vergl. auch 20383; *Sire, jo plur pur nostre amur Qui mei revert a grant dolur*, Marie de France, Equitan 219—20; *. . . Dunt tuz li mal revert sur lui*, eb. 316. Daneben: *. . . souvent avient . . . Que li maus revertist sour lui*, R. d. l. Viol. 286.

d) *avertir, soi avertir* = gewahr werden: *. . . Tant que li norriçons s'avert Conoist e veit tot en apert Que sis chers damiseaus est pris*, Chron. Ducs Norm. 12895—7; *Lors s'avert bien, quant nes poent trover, ke vers Atille sunt alé pur juster*, Otinel 1065.[1])

---

[1]) Beide Beispiele stehen auch bei Godefroy I 523.

e) *subvertir*: nur ein Beispiel und zwar mit dem Inchoativsuffix ist mir bekannt: *Les drois subvertist et retourne*, Vieille S. 94.

sortir: Der Verfasser des Mistère du Vieux Testament flectiert dieses Zeitwort, auch wenn es die Bedeutung „hervorkommen" hat, mit Vorliebe inchoativ; vergl.: *Qui est cestuy la qui sortit De ce boys? : advertit*, v. 23601; *Or peulx tu bien appercevoir Que de la pierre eaue sortit*, eb. 24716; *Jacob qui sortit hors de la chambre*, prosaische Bühnenanweisung, eb. t. II S. 213 (Hs. C: *sortant*); *l'ange, qui sortist, luyte a luy*, Bühnenanweisung t. II S. 255; der conj. pracs.: *Il reste de terre couvrir Le corps, que la beste sauvage Ne sortisse hors du boscage*, eb. 4388—90; *Car j'ay grant peur qu'il ne me grieve, Devant que de ce lieu sortisse* (: *puisse*), eb. 22686; daneben *il sort*, t. I S. 239. Vergl. ferner: *... et a ses paroles va monter sur Murchepin et empoigne une lance et sortist hors du tref*, Galien (Gal. Dr.) S. 179; *En sortissant de leurs profundes mues*, Parmentier, Merveilles de la mer (ed. 1530) bei Godefroy V S. 440. Auch Palsgrave konjugiert *sortir = I come out of a doore : je sors, nous sortissons, que je sorte*, S. 492; *sortissons*, S. 503; *sortissez tost = come forth at ones*, eb. S. 503. Wahrscheinlich liegt hier Vermischung mit dem der Gerichtssprache eigentümlichen *sortir* vor, welches, in der Wendung *sortir son effet = Gültigkeit erlangen* noch heute gebräuchlich (= lat. *sortiri*), wie es scheint, stets inchoativer Bildung war. Aeltere Beispiele sind: *Affin que a effect sortisse Le cours de justice et raison ...*, Anc. Théat. III 173; *Le testament de bonne foy Je vueil qu'il sortisse* [a] *effaict* (erste Hälfte d. 16. Jahrh.?), Mont. Rothsch. Rec. d. poés. franç. t. X S. 375; auch *ressortir* mit seinen inchoativen Formen kann von Einfluss gewesen sein, s. Cygne 16871; R. d. l. Rose ed. Amsterdam 1735, v. 19071; Greban 1924; Oliv. d. l. Marche, Mém. t. IV S. 7; eb. t. I SS. 221, 222, 223; Rab. Pant. liv. V ch. XLI.

servir scheint von einer Beeinträchtigung seines ursprünglichen Zustandes stets verschont geblieben zu sein; *asservir* dagegen folgt, als Ableitung von *serf*, natürlich stets der Inchoativkonjugation, z. B. *Quant elle me asseruist et subjecte a la planette rengnant ...*, Prosacliges S. 300, 39; *Il asseruit la loy juifze Et faulce la loy de Moyse*, Greban 17194;

j'asseruis, Palsgr. S. 620. Findet man nun trotzdem Fälle, wie die folgenden: *C'est bien raison que je m'asserve A toi* ...: *serve = serviat*, Mist. V. Test 25382; *Je pry a Dieu qu'il le conserve, Et qu'envye ja ne l'asserve Au veil de ses contredisans*, Greban 17696 – 8; *Je suis asses de vostre accord, Que de riens ne nous asservons*, eb. 365; *Il fauldra donc que je m'asserve, Qui suis en l'ostel le grigneur, Et que comme varlet je serve, Et je doy estre le seigneur*, Mont. Rothschild, Rec. de Poës. franç. t. IX 155, so ist es ratsam, wenn man nicht an eine nachträgliche Einwirkung von *servir* glauben will, einen Infinitiv *asserver* anzunehmen; unzählige Beispiele zeigen, dass die alte Sprache neben derartigen von einem Nomen abgeleiteten Neubildungen auf *-ir* auch die erste Konjugation beliebte.

vêtir = vestire und die Komposita *revêtir* und *dévêtir* haben ihre ursprüngliche reine Bildung trotz mancher Anfechtungen bis heute im ganzen siegreich behauptet. Nur selten begegnet man in alter Zeit vom Inchoativsuffix ergriffenen Formen; z. B.: *tu vestis*, coordiniert mit *tu tiens, tu fais*, Watriquet S. 158, 100 neben *vest*, eb. S. 162, 212 (s. Schelers Note S. 458); *Toutes les arbres lanificques de Serres ... ne vestissent tant de personnes que fait ceste herbe seulette*, Rab. Pant. liv. III ch. LI; *Tous ceux qui boiuent le laict et vestissent la laine des brebis sans les repaistre, sont maudits*, Palissy S. 618; *Ils ... le vestissent d'une chemise*, coordiniert mit *font, piquent* u. s. w. (anno 1584), Éd. Fournier, Variétés hist. et litt. t. II S. 68. Nachdem vorher schon Malherbe gegen *vêtit* für *vêt* zu Felde gezogen war (s. Kreutzberg, Die Grammatik Malherbes nach dem „Commentaire sur Desportes", 1890, Progr. No. 211, S. 15), wendet sich im 17. Jahrhundert Vaugelas (ed. Chassang t. I S. 369—71) gegen die Unsitte, *revestissant* für das durch den Gebrauch geheiligte *revestant* zu sagen, und zwar mit Gründen, deren Hinfälligkeit bereits von Th. Corneille (zu Vaugelas a. a. O. S. 371—2) erkannt wurde, wenn auch die von ihm gegen *revestissons* angestellten Erwägungen kaum ernstere Beachtung verdienen. Der in den Erörterungen beider Grammatiker, für deren Ergebnis sich auch die Acad. (s. zu Vaugelas a. a. O. S. 372) entscheidet, zu Tage tretende Eifer lässt nur erkennen, in wie weitem Umfange die Neigung für die von ihnen getadelte Formenbildung vorhanden war. Hervorragende Autoren des 18. Jahrhunderts, wie Buffon, Voltaire, Delille (Beispiele s. Gram. des Gram. (ed. 1867) t. I S. 541) haben sich der Inchoativflexion bedient. Für ihr Vorkommen in unserem Jahrhundert verweise ich auf folgende Stellen: (*ils*) *se vêtissaient de souples étoffes*, Vaublanc, La France aux temps des Croisades, t. IV (1847) S. 246; derselbe Autor übersetzt altes *viestoit* durch *vêtissait*, eb. t. IV S. 232; ähnlich *vêtissaient*, eb. t. I (1844), S. 295; ... *ses compagnons le dévêtissaient*, G. Ohnet, L'Âme de Pierre (1890) S. 73. — Das der Kanzleisprache angehörige *investir* ist Fremdwort und folgt als solches der inchoativen Konjugation; in gleichem Stile kennt die alte Sprache *avestir, enavestir, entravestir, ravestir;* vergl. *entravestissent* bei Godefroy III 277; *raviestis(s)e*, eb. t. VI S. 626, und bei DuCange V 758 aus einer *charta* vom Jahre 1263. Heutiges *revêtir* bleibt in allen Bedeutungen der reinen Bildung treu: *Le père* ... *revêt le jeune homme de l'écu et de la framée*, bei Vaublanc II 196, wie: *Do, je vous revest chi de Vauclere la grant*, Doon 221.

offrir = *offerire für *offerre*: Benoit kennt einige Male das inchoative Praesens: *Si cest mandement acomplist Et céo te done qu'il t'offrist, A sun service e a sum gré Seras e a sa volenté*, Chron. Ducs Norm. 6148; *Tent-mei ennuit tes beles mains : S'offendu t'ai, dreit t'en offris*, eb. 25841—2 (: *pris*) neben *offreiz* 2. plur., eb. 10231; ausserdem sind mir derartige Gebilde nur aus Denkmälern poitevinischer Provenienz bekannt geworden: *Mi li ufris, n'ai ren plus chere*, La Passion Sainte Catherine 1871; *Pardonez donques a autrui, maismement quant il vos crie merci e i vos offrit dreit rainable*, Serm. Poit. S. 16; *offrissom = lasst uns anbieten*, eb. S. 35 (2 mal); *offrissez* (Imperativ), eb. S. 36; *ils offrissent* 3. plur. praes. ind., SS. 47, 159; *ainz que tu offrisses* conj. praes., eb. S. 120.

souffrir = *sufferire für *sufferre*: *Quar, si per son nom mort sufris* 1. sing. praes. ind., La Pass. S. Cath. 1233; *E cesta fenna cum sufris?* 2. sing. praes. ind., eb. 1993 (: *paradis*); *Gracias rendit a Jhu Crist Per cui cesta peina sufrist*, eb. 1279—80; *Quanque hom te faré, suffris* (Imperativ) : *quis*, eb. 435; *Ains qu'eu sufrischa passion* conj. praes., eb. 2226; *En après vi deit estre soffrissanz, si hom li dit ou li fait mau* ..., Serm. Poit. S. 2, neben dem Imperativ *soffre*, eb. SS. 10, 17, 157; ind. *il ne soffret*, eb. SS. 11, 61; Imperf. *soffrot*, eb. S. 104 u. s. w.

couvrir = *cooperire* : *Couvrissez-la de mon manteau, et mettez-la dans mon tombeau*, Vieilles Chans. du Velay et du Forez, Rom. VII, XXIII Variante, str. 10.

emplir = *implere* hat bis in das 15. Jahrhundert hinein dem Einflusse der Inchoativkonjugation widerstanden: *emples* = *imples*, Oxf. Ps. 114, 17; *aemple* (Imperativ), eb. 82, 15; *emple*, Rois S. 58; Imperativ *emple* : *temple*, Rose (Méon) 21347; *j'emple*, eb. 11425; *emploient*, eb. 3379; conj. *emple, remple* : *exemple, temple*, GMuis. I 230; *Petit et petit emplent bourses*, eb. I 36; *remplez*, eb. I 158; *emplez*, Mén. Par. II SS. 133, 221, 251, 253, 257; *remplez*, eb. II S. 251; I S. 78; *emple* : *temple*, Jub. Myst. I 228; *emplez*, eb. I SS. 269, 270; *emplent*, Anc. Théat. III 379; daneben frühes *raemplist*, Oxf. Ps. 102, 5; *aemplissed*, eb. 19, 6; *emplist*, Rutebeuf t. I S. 282; *emplit*, eb. t. I S. 288; *remplissoit*, eb. t. II S. 221; *emplissiez* (Imperativ), Mén. Par. t. II S. 76. Beachtenswert ist das Verhalten der SSBern; hier stehen neben nichtinchoativer 1. u. 2. plur. praes. conj. *empliens*, S. 114, 12; *aempliens*, eb. S. 140, 31; 2. plur. ind. *empliz*, eb. S. 113, 12, 21; *aempliz*, eb. S. 90, 20, soviel ich sehe, nur inchoativ gebildete Singularformen: *tu raemplis*, eb. S. 27, 14; *raemplist*, eb. SS. 70, 35; 127, 27; 135, 38; *emplist*, eb. SS. 107, 35; 113, 35; conj. praes. *aemplisses*, eb. S. 88, 20; *aemplisset*, SS. 30, 14; 90, 2 (s. o. S. 88). Nichtinchoatives *que je remple* oder *rempe* begegnet übrigens noch in heutigen Mundarten, s. Jaubert, Gloss. du Centre t. II S. 259. *Complir* und *accomplir* scheinen zu allen Zeiten gemischter Bildung gewesen zu sein; z. B. *complissent* : *issent*, GMuis. II 68; ... *k'on accomplisce* ..., eb. II 187. Vergl. noch das Subst. *remplage* neben *remplissage*.

nourrir = *nutrire:* In der alten Sprache sowie in modernen Mundarten begegnen einige Reste reiner Bildung: *Coardise en cui paürs neure Li ramentoit ... : oneure*, Trouv. belges I S. 167, v. 168 (das im Text stehende *meure* wird von Scheler Anm. S. 319 selbst in *neure* gebessert); *Por çou ne tien jo mie a saive Qui paradis fait en sa caive, Ne qui de çou s'encraise et neure Dont li povre muerent a glaive, El il en met tant a sa gaive Que li cors cante et l'ame en pleure*, Gedicht über den Tod aus Ms. fr. 329 des Monte Cassino bei Buchon, Nouv. Recherches sur la principauté franç. de Morée (1845) t. II S. 380; *Envie envenimee, ou neure Tous maus, ki nous fist en une eure De grant gentillece a siervir* ..., Baud. de Condé, Li Contes d'Envie 35 (über die Bedeutung von *nourrir* an dieser Stelle = *être en nourrice, se former, se produire*, s. Schelers ed. des Baud. de Condé t. I S. 426); *Joie et dolor en mon cuer neure Ri et sospir, et cante et pleure*, Les Congés de Jean Bodel 451, ed. GRaynaud, Romania 1880, S. 242; imperf. ... *l'enfant cuy li meire uirgine nuriuet* ..., SSBern. S. 102, 9 = *fovebat*, Migne 152, 7; ebenso SSBern. 172, 31 (zweite Hand) und Migne 386, 6. Der englische Verfasser des Donat français lehrt *nourrions, nourreoie, nourriant*, Zs. f. Nfrz. Spr. u. Lit. t. I S. 38. In Mundarten der Schweiz zeigt das Praesens von *nourrir* folgende Doppelgestalt: *nürr'su, nürre, nürre, nürr'sem, nürride, nürr'son*, siehe Mussafia, Zur Praesensbildung S. 6 Anm. 1. Auch das Centrum hat die alte Bildung bewahrt: *Il se nourre bien; Il faut que j'nous noûrrains; qu'ils s'nourraient*, Jaubert, Gloss. du Centre t. II S. 110.[1]) Der von Jaubert gemeldete Infinitiv *nourrer*, sowie der in anglonormannischer Rede anzutreffende *nurrer* ist sprachgeschichtlich leicht erklärlich: er beruht auf Verkennung des lautlich durchaus gerechtfertigten *e* in *neure*, *nourre* = *nutrit*, sodass es also von Godefroy nicht wohlgetan ist, wenn er *neure* ohne weiteres mit der ersten Konjugation in Verbindung bringt (s. t. V S. 528). Es muss übrigens bemerkt werden, dass schon in der alten Sprache die Inchoativflexion für *nourrir* die Regel ist; s. *norrist*, Cliges 766; *nurisset* = *alat*, SSBern. S. 135, 20 und sehr häufig.

tollir = *tollere* lässt sich im 16. Jahrhundert zur Aufnahme der inchoativen Erweiterung verleiten: ... *quelque petite pluie survient, laquelle nous le tollist et abat*, Rab. Pant. liv. IV ch. XLIV; *ilz tollissoient*, eb. liv. IV, Ancien Prologue; *tollissant*, eb. liv. V ch. XVIII; *Adieu Cesar, aussi Justinien ... vous n'avez*

---

[1]) Für *pourrir* = *putrere* vermag ich die reine Bildung nicht nachzuweisen. Trifft man indess das adj. particip. *puerri*, Ruteb. I 294 (*ue* für *eu* aus *o*, s. Meyer-Lübke I S. 138), so möchte man an die Existenz eines stammbetonten **puer(r)e* = *putret* glauben und zwischen diesem und obigem *puerri* das gleiche Verhältnis annehmen, welches obwaltet zwischen *cuevre* und *cuevrir*, GPal. 6692; *sueffre* und *sueffrant*, Ruteb. I 242; *sueffrir*, Chron. Loys Bourb. SS. 13, 235 oder *sueffroit*, eb. S. 280; *seufferte*, Oliv. d. l. Marche, Mém. t. I S. 231. *Porrist* steht Cliges 765; Ruteb. I 310; *porrissent*, Bes. Dieu 1422 und oft.

plus de nom; Or et faveur vous ont mys en ruyne; On vous tollist tout vostre hault renom, nämlich infolge der nun geübten Justiz (um 1530), Mont. Rothschild, Rec. de Poés. fr. t. XI S. 275; part. *tollissant*, R. Garnier (ed. Förster), La Troade 2638; 3. plur. praes. *tollissent*, eb. Marc Antoine 1521.

Vergl. hierzu noch die Ausführungen über *maudire, bénir* o. S. 29—33; *nasquir* S. 23; *desconfir(e), souffir(e), escondire* etc. S. 27 ffl. u. S. 128.

c) **Auftreten des Inchoativsuffixes ausserhalb der Praesensgruppe.**

Unsere Untersuchungen über das Wesen und die Schicksale des Inchoativsuffixes auf nordfranzösischem Boden blieben unvollständig, wenn hier nicht eine Reihe von Fällen zur Besprechung gelangte, die zuweilen als Beispiele für das Eindringen dieses sprachlichen Elementes auch in andre Zeitformen als die bisher behandelten angesehen wurden, ohne dass indessen eine solche Anschauung allgemeine Zustimmung gefunden hätte. Freilich ist ein Widerspruch gegen die Auffassung, welche hin und wieder im Altfranzösischen begegnende Gebilde wie: *esclarcistra*, Job (Le Roux de Lincy) S. 457; *peristerunt*, eb. S. 511; *esjoistra*, Godefroy III S. 473; *ravistroient*, Dial. Grég. 252, 11; *regehisterat*, eb. 195, 9; *garistra*, Amis 2998 [1]), aus einem **Uebertritt des Inchoativsuffixes auf das Gebiet des Futurums** erklären zu müssen glaubt, meines Wissens bisher nirgends geäussert worden. In der That ist diese Deutung die einfachste. Die Sprache vergass hier den ursprünglichen Zusammenhang zwischen Futurum und Infinitiv und stellte ähnliche Beziehungen, wie sie etwa zwischen den Stämmen von *recevons* und *recevrai, donons* und *donrai* gefühlt wurden, nun auch zwischen dem inchoativ flektierten Praesens und dem Futurum der Konjugation auf *-ir* her. Man thut also gut, die soeben besprochenen Erscheinungen mit den oben S. 60—72 angeführten Vorgängen auf gleiche Stufe zu stellen.

Eingehendere Betrachtung heischt indessen das **Verhalten der Perfectgruppe**. Die Einmischung des Inchoativsuffixes steht hier, soweit neuere Mundarten in Betracht kommen, ausser

---

[1]) Gehört hierher auch häufiges *beneistrai?* Doch s. oben S. 10.

allem Zweifel; vergl. *finissit*, Oeuvres en patois poitevin de M. A. Favraud (Couture d'Argenson 1884), erstes Stück S. 3 und eb. Les Noces de Jeanette S. 10; *s'accorpissit* = *s'accroupit*, eb. Noces de Jean. S. 10; *emplissiran* = *emplirent*, eb. S. 29; *j'haïssis*, Jaubert, Glossaire du Centre t. I S. 520; *je mentissis*, eb. t. II S. 67; *je recouvrissis*, eb. t. II S. 252; *je sentissis*, eb. t. II S. 317; *je souffrissis*, eb. t. II S. 335; die Participia: *finissu*, eb. t. I S. 437; *gémissu*, eb. t. I S. 481; *haïssu*, eb. t. I S. 520. Auch der Pariser Dialekt kennt: *il étourdissit, je m'enhardissis, vous obaïssites*, s. Nisard, Étude sur le lang. pop. ou patois de Paris ... S. 247. Das Vorhandensein des Inchoativsuffixes in allen diesen Bildungen ist gewiss unanfechtbar[1]), doch gelangen wir zu einer allein sachgemässen Würdigung des Wesens dieser Erscheinung nur dann, wenn wir ihr analog zu beurteilende Formen anderer Konjugationen vergleichend heranziehen. Man ginge nämlich fehl, wollte man das Auftreten solcher Formen der Perfectgruppe etwa aus einer Vorliebe herleiten, die die Sprache insbesondere für die inchoative Erweiterung empfunden hätte. Ich vermag mir dieselben nur im Zusammenhange mit jenem zahlreichen älteren und neueren Mundarten eigentümlichen Bestreben zu erklären, welches darauf ausgeht, dem in den endungbetonten Formen der Praesensgruppe erklingenden Stamm die Alleinherrschaft in allen Konjugationsformen zu sichern.[2]) Die in Rede stehenden Gebilde sind also

---

[1]) Auch im Lateinischen erscheint das Inchoativsuffix zuweilen ausserhalb des Praesens; so steht *posco* für *porcsco*, indem *sk* vor sich nur vokalisch auslautenden Stamm duldet und demnach *rc* zum Weichen zwingt. Das Perfectum sollte also *poporci* lauten, lautet aber mit Inchoativsuffix *poposci*. Aehnlich spätlat. *disciturus* von *disco* (Stamm *dic* in *didici*), *nasciturus* u. s. w., s. Sittl, Arch. Lat. Lex. I S. 469. Dass Cato (Orig. 37, 3) das „*perfectum inauditum et incognitum*" *callescerunt* = *calluerunt* gebraucht habe, wie in Hss. des Nonius steht, bezweifelt Sittl a. a. O. S. 478 mit aller Entschiedenheit.

[2]) Wenn Jaubert a. a. O. I S. 545, Anm. sagt: „*Les verbes du français actuel qui ont leur infinitif en-ir, font chez nous au prétérit-issit au lieu de it. Ex.: affaiblir, affaiblissit, d'où résulte une distinction essentielle, qui manque au français actuel, de ce temps avec le présent. — Le verbe, courir et ses composés accourir etc., font au prétérit: il courit, parce que le présent, il court s'en distingue suffisamment par lui-même*, so mag manchem die so gebotene Möglichkeit einer Differenzierung willkommen

ihrem eigentlichen Wesen nach keineswegs zu trennen von Perfect- und Participformen wie: *cressi* = *crut* (*croître*), part. *cressu(t)*, s. Zs. f. R. Phil. VII S. 46—47; *cressi*, s. auch Aimé, Yst. Norm. S. 118; *accressi*, eb. S. 273; *accressisse*, eb. S. 215; part. *croissut*, eb. S. 88; *accressut*, eb. SS. 43, 95; *cressute*, eb. S. 9; *cressue*, Chron. Rob. Visc. eb. S. 271; *queneussit* = *connut*, Favraud, a. a. O. Batrachom. S. 17; *paraissit*, eb. S. 7; *je paroissis*, *nous recognoissimes* bei Nisard a. a. O. S. 247; Part.: *queneussut*, Favraud a. a. O., La Merlusine S. 1; Noces de Jeanette S. 4; *et il les ait peust* (sic) *et appassut en l'innocence*, Psaut. Metz (14. Jahrh.) S. 228, 78 (Ms. 9572: *appaissut*); ähnlich *je gizi* von *gésir*, Darmest. Hatzfeld, Le XVIe siècle (1887) prem. part. S. 244; *gesissent*, Rose, ed. Amsterdam 1735, t. III S. 21; *je plaisi, lisi* habe ich belegt in Gröbers Ztschr. VII S. 54; vergl. noch *plasist*, Aimé, Yst. Norm. S. 76; *plaisissent*, Chron. Rob. Viscart in Aimé, Yst. Norm. S. 263; *plaisist*, Jean d'Outremeuse bei P. Meyer, Alex. le Grand. t. II S. 355; *J'voudrois qu'y me déplaisît*, Vadé (ed. Lecocq) S. 19; *taisi* = *tut*, Froiss. (Luce) t. IV S. 291; *il pourlisy*, Cygne 13025; in Prosa: *lisirent*, Prosamanekine S. 322; *eslisi*, eb. S. 275; *lisit*, (perf. ind.), Ol. d. l. Marche, Mém. t. II S. 357; t. II S. 367; *eslesirent*, Stavelot S. 2; *elesirent*, eb. S. 77; *enlisirent*, eb. S. 394; *lisit* (Ind.), Vadé S. 115; *qu'il me loisisse* nach *il me loisoit* bei Gilles du Guez, Palsgr. S. 1005 (für altes *lut*, Bat. d'Alesch. 5923; *leust*, R. d. l. Charr. 4432); *loisist* schon SSBern. S. 141, 32; vielleicht auch *je tissis* von *tistre*, *que je tisisse*, Palsgr. S. 779; *tisirent* aus einer Bruths. citiert von Michel, R. d. l. Viol. S. 122; *prennis, prenismes* neben *prins*, *prismes*, Palsgr. S. 746; *je prenis*, Nisard a. a. O. S. 222; *prenit*, Favraud a. a. O. erstes Stück SS. 4, 21; *prendirent*, Zs. f. R. Phil. VII S. 46; *prendue*, Alix., Ms. de Venise, ed. P. Meyer t. I S. 288, 40[1]); *revenit*, Favraud a. a. O., La Merlusine S. 5; *je mettis*,

---

sein, als ursprünglich treibende Ursache vermag ich aber eine derartige Rücksicht nicht anzuerkennen.

[1]) Die Erhaltung des *d*, die auch in *reprendissiez*, Prosamanekine S. 279 vorliegt, zeigt deutlich, dass diese Gebilde ohne Rücksicht auf *venir, tenir* geschaffen wurden, eine Möglichkeit, die ja sonst für die Formenbildung von *prendre* nicht ausgeschlossen zu sein scheint. Vergl. dazu meine Andeutungen in der Zs. f. Rom. Phil. VII S. 65, in Herr. Arch. 83, S. 470 und Behrens, Zs. f. Neufrz. Spr. u. Lit. V S. 78—79.

Zs. f. R. Phil. t. VII S. 46 und Nisard a. a. O. S. 222; mettiriant, Favraud, erstes Stück SS. 7, 12, 13; mettit, eb. SS. 7, 18; bevirent, Reize de Bosenove bei Stavelot S. 371; je beuvis, Jaubert, Gloss. du Centre t. I S. 140; il bouevit = il but, Favraud, Noces de Jeanette S. 29; plovit = plut von plovoir, Stavelot S. 502; je recevis, appercevis, Nisard a. a. O. S. 222; recevit, Favraud, Batrachom. S. 13; apercevit, eb. S. 3; mouvi für mus, s. Zs. f. R. Phil. t. VII S. 47; part. esmovus, Stavelot S. 299; je faisis, Nisard S. 240; fasit, Favraud, Batrachom. S. 1; je fasis, Jaubert, Gloss. du Centre t. I S. 421; faisist, Greban 20240; je disis, Nisard S. 243 (doch vergl. Gröbers Ztschr. VII S. 53); requerissent, Rose ed. Amsterdam 1735, v. 12110 (Méon v. 11585: requeïssent); querrist, Rutebeuf (Jubinal) II 205; querisse, Enf. Og. 3090; requerirent, Aimé, Ystoire de li Normant S. 23; tu ... requeris, eb. S. 253; querirent, Chron. Loys Bourb. S. 247; requerirent, Stavelot S. 449; il n'ont point requis ne requeiru tes justifications, Psaut. Metz S. 356, 155; j'ai queru, eb. S. 362, 9 (Ms. 9572: j'ai quis); auf gleicher Stufe stehen die sekundären Perfecta: veï, cheï, seï, cloï[1]), traï, rescoï, rescouï (s. rescouyt, Mém. Oliv. d. l. Marche t. II SS. 249, 293 für altes resco(u)st; rescouirent, Mén. Par. t. I S. 128 für altes resco(u)strent, Mort Gar. Loh. S. 159); im Pariser Dialekt: croyîmes, croyîtes, croyirent, voyîmes, Nisard S. 222; cheyiriant = altfrz. cheïrent, Favraud, erstes Stück S. 13; vergl. auch das Perfectum je rûmes, rûtes, rûrent neben altem risimes (conj. imperf. risist, Claris 16331; risissent, Rose (Méon) 14363; danach die 3. sing. perf. ind. (?) risit, Jean Lemaire, Ill. Gaule liv. I ch. VI), Jaubert, Gloss. du Centre II S. 278.

---

[1]) An dieser Umbildung scheint auch conclure zuweilen teilgenommen zu haben; so begegnet im 15. Jahrhundert il se concluyt, Oliv. d. l. Marche, Mém. t. III S. 2, wozu man concludirent, Stavelot S. 249 vergleichen kann. Bezüglich der eigenartigen Erhaltung des d erinnere ich an circumcidoient, Sinner, Cat. Bibl. Bern. t. II S. 495, sowie an das von Jaubert aus Centralfrankreich gemeldete perf. j'assidis nebst part. assidu von assidre = asseoir, s. Gloss. du Centre t. I S. 96; concludont = conclurent, Stavelot S. 519. Uebrigens wird auch das von Nisard, a. a. O. S. 270, nicht verstandene conclusirent nicht aus Analogie zu altem conclusis = conclusisti zu erklären sein, sondern ebenfalls als Neubildung aus dem von Nisard a. a. O. erwähnten und von mir in der Zs. f. Rom. Phil. t. VII S. 57 aus älterer Zeit nachgewiesenen sekundären Praesens conclusons zu gelten haben.

Ferner noch die Participia: *permettu*, Jaubert t. II S. 162; *plaignu*, eb. II S. 182; *plaisu*, eb. II 184; *naissu*, eb. II 97 neben *né*; *connaissu* neben *connu*, eb. I 272; *éteindu = éteint*, Jaubert, Gloss. t. I S. 410; *atteindu = atteint*, eb. t. I S. 101 und Nisard, Étude, S. 246 (über das *d* vergl. Zs. f. Rom. Phil. VII 58 ff.).

Eine ganz andere Bewandnis hat es mit den in altfranzösischer Rede geläufigen erweiterten Perfektformen *garesis, norresimes, hounesistes, peresisse* für *garis, norrimes, hounistes, perisse* u. s. w., deren Entstehung Diez II³ 239 unbedenklich auf Einmischung des Inchoativsuffixes zurückgeführt hatte. Fassen wir zunächst die äussere Form der sich hier darbietenden Erweiterung ins Auge, so erregt schon der Umstand, dass dieselbe in der überwiegenden Mehrzahl der Fälle -*es*- lautet[1], gerechte Bedenken, und selbst wenn Formen wie *garissist*, SGraal 1154; *guerpissis*, Lib. Psalm. Cant. Moysi S. 275, 27; *languissist*, Rose (Méon) 12616; *garissist*, Prosaroman v. Jos. v. Arimathia (ed. Weidner) S. 50, 478; *seignourissist*, Ph. de Vitry S. 10, häufiger wären, als sie es in der That sind, so würde auch aus dieser verlockenden Gestaltung bei der im Altfranzösischen so schwankenden Schreibung und vielleicht auch Aussprache der *s*-Laute (s. o. S. 28; u. S. 128) keine hinreichende Gewähr für die Diez'sche Theorie entnommen werden können. Von entscheidendem Werte gegen diese letztere ist aber die Wahrnehmung, dass das erweiternde Element immer nur in der 2. sing., 1. u. 2. plur. perf. und im conj. imperf. sichtbar wird. Es kann demnach nicht zweifelhaft sein, dass G. Paris, Étude S. 74 und Chabaneau, Théorie SS. 63, 77 das allein Richtige treffen, wenn sie in den gedachten Formen analogische Anbildungen an *desis, presimes, mesistes, quesisse* u. s. w. erblicken. Wie man weiss, ist ja ein derartiger Vorgang durchaus nicht auf die Konjugation auf -*ir* beschränkt gewesen; unrechtmässige Bildungen wie: *nasquesistes*, Berte 711; *combatesist*, HCap. S. 166; *descendesistes*, GMuis. I 21; II 253 u. s. w. begegnen häufig genug.[2] Tobler, der wiederholt Veranlassung nimmt (s. zu Schelers Bast. Buill.

---

[1] Vgl. dazu neben *vaillissant* auch *vailesant*, Floov. 289; GBourg 3291.

[2] Sehr selten sind dagegen solche analogischen Bildungen von Zeitwörtern auf -*oir*; s. z. B. *mouvesist*, Prosamanekine S. 275.

in GGA. 1877, S. 1608; zu Försters Chev. II Esp. in Ztschr. f. Rom. Phil. II S. 147), die Sachgemässheit der auch von Koschwitz, Ztschr. f. Rom. Phil. II S. 483 geteilten Paris-Chabaneau'schen Auffassung einzuschärfen, hat GGA. a. a. O. gezeigt, dass auch *fust = fuisset* sich zuweilen eine Umbildung zu zweisilbigem *feust* odez *fusist* gefallen lassen musste. Ausser den von Tobler gegebenen Beispielen vergl. die folgenden:
... *comme s'il fusist prebendie comme prebstre*, O. d. 1. Marche, Mém. t. I S. 65 (Prosa); *Messager sui, ço quid al meillur rei k'unques fëust en la paiene lei*, Otinel 66; *Et fëussies* (sc. *amés*) *tout autel de le moie* (10 silbig), Ad. Halle S. 186; ... *Que l'endemain garni fëussent*, Claris 7680; *Et estre biaux ne riches plus que ie ne fëusse* (: *l'ëusse, scëusse, crëusse*), Test. Jeh. de Meun, Romvart 122, 18 (s. auch im Livre de Leesse, eb. S. 372, 26; S. 376, 13); ... *une moienneresse Qui nous feust rapporteresse*, Vieille S. 137; ... *que ma renommee N'en feust escandalisée*, eb. S. 154; *Et se coulpable n'en feust*, eb. S. 178; *Car se parfaicte ne feusses*, eb. S. 271; *Las! chétif! miex donc me vauldroit Que je ne fëusse onques nez*, Mir. N. D. VIII 537—8; *Vous semble il point que bon fëust*, eb. XVI 359; *Quel qu'il feust* (4 silbig), eb. XXVIII 1240; *Se il fust hons charniex, il fëust ja broi*, Jub. Myst. I S. 90. Die gleiche neu construierte Beziehung zwischen den Perfectformen der *ui*-Klasse mit wechselnder und denen mit einheitlicher Betonung kommt zum Ausdruck in folgenden Gebilden: *Et comme riens n'aparëust ...*, Gaut. d. Coinsy, Herr. Arch. Bd. 67, S. 94, 621; *Pour ce qu'en la crouiz morëust*, SGraal 773; *Qu'il trespassast ne morëust*, Gaut. de Coinsy a. a. O. Bd. 67, S. 250, v. 1152; *Que nus hom ja ne morëust*, ders. eb. Bd. 67, S. 259, v. 60; *morëussent*, eb. v. 65; vergl. die Participia: *Si grant dolor oi m'est aparëude*, Alexius 82ᵈ, 97ᵈ; *Si grant ledice nos est aparëude*, eb. 107ᶜ *Molt les ait bien secorrëus*, R. d. Florimont Ms. F. f⁰ 93ᶜ; *Qu'il li ont ualut et aidie Secorrëut et concillie*, eb. f⁰ 97ᵇ; *Qui molt bien m'ait secorrëu*, eb. f⁰ 97ᵇ; *Cil les a si secorëus*, Brut 6252 wurde von Le Roux de Lincy verworfen; *Petit fu ore ne fussiez galopez Et corëuz point et esperonnez*, Bat. d'Alesch. 545—6; *Si ont secorëu le Roi*, Renart 26941; *Tuit sont a moi acorëu*, eb. 14094; *Hermeline est acorëue*, eb. 19750. Gleichen Wesens wie *fusist* sind: *sosist = sapuisset*, 3 Wunder Gautiers,

Ztschr. f. Rom. Phil. VI S. 327, v. 156; *sceusist*, Greban 6843, 8303, 26871; *sceusisse* : *rendisse*, eb. 12448; und noch früher *seusist*, Docum. relat. aux Crois., Cygne t. I S. 318; *posist*, Stavelot SS. 36, 255; *polsisse*, eb. S. 326; *polsissent*, eb. S. 328; *pousist* = *potuisset*, Claris 25908; *poulsisse*, Prosacliges 335, 22 [1]) sind unter Einfluss von *volsist*, *voulsisse*, *vosist* entstanden; man findet häufiger: *peusist*, Doc. rel. aux Crois, Cygne I SS. 315, 316, 318, 322, 346; *peussissent*, eb. S. 324 neben *peussent*, SS. 362, 367; *deusisse* = *debuissem*, Greban 4976; *deusist*, eb. 9448; Oliv. d. l. Marche, Mém. t. II S. 173; *pleusist* = *placuisset*, eb. 34265.

Ehe wir diesen Gegenstand verlassen, sei auf einige bisher unbemerkt gebliebene Eigenheiten in dem Verhalten der von Diez irrtümlich für Inchoativbildungen erklärten Perfektformen aufmerksam gemacht. Wenn das erweiternde Element zuweilen unter der Form -*is*- auftritt, so darf dies in Denkmälern, in denen die den Ausgangspunkt darstellenden Perfecta der *si*-Klasse das stammhafte *i* in tonloser Silbe nicht zu *e* abschwächen, keineswegs befremden; es stehen einträchtig

---

[1]) Dieselbe Analogie liegt bekanntlich auch vor in häufigem *peult* und *peulent*; s. *puelent* : *vuelent*, GMach. Prise d'Alex. 1604—5 und im Versinnern eb. 2688, 3527, 6910, 6935, 8534; *pueent* (sic!) : *vuelent*, Mont. Fabl. II 146; *pulent* neben *vulent*, Durm. 6178; *puelent*, II. Cap S. 138; E. Desch. I 65, 158, 176; *peullent*, Mont. Rothsch. Rec. Poés. fr. IX 289; in Prosa: Oliv. d. l. Marche, Mém. t. I S. 134; t. IV S. 187; ferner in *poloient*, Stavelot 11, 12, 13, 429, dem Perf. *polut* (oft bei Stavelot) u. dem Fut. *polront*, Graf, Roma I 442, 507; 433, 143; *polroit*, eb. I 430, 54; 433, 146; Prosamanekine S. 299; *polries*, eb. S. 269; *poulra*, Prosacliges SS. 284, 41; 315, 38; 321, 41; *polra*, Oliv. d. l. Marche, Mém. t. IV S. 172; Condit. *poulroit*, Prosacliges 316, 33; *polroient*, O. d. l. Marche t. IV S. 187 und Stavelot S. 5; *pouldroit* (a. 1506), Godefroy VII S. 300; vergl. auch Behrens, Unorg. Lautvertr. S. 72. Die von Burguy II 51 vorgeschlagene Ableitung des perf. *polt* für *pot* (s. *poult*, Prosacliges 302, 38) aus *pollere*, mit der auch Schelers Deutung von *puelent* = *pollent* übereinstimmt (s. Rom. des Eles S. 40), ist, wie man weiss, bereits von Diez II[3] 249—50 (Anm.) zurückgewiesen worden. War er der erste, der auf das Vorbild von *volere* hinwies? Livet S. 157 leitet unter Beruf auf Burguy *peulent* zwar von *pollere* ab, denkt aber zugleich an einen Einfluss von *vouloir*. Selten nimmt dieses letztere die Gestalt von *pouvoir* an; z. B. *Ne la voist mie oblier*, Joufr. 3770, ähnlich eb. 3824; auch *veusist* für *vo(l)sist*, Graf, Roma I SS. 429, 19; 443, 551; Prosamanekine SS. 278, 314 und oft wird nach *peusist* (Prosamauek. S. 293) gebildet sein.

neben einander: *establisis*, Oxf. Ps. 88, 46 und *disis*, eb. 88, 3; *maldisist*, eb. 54, 12; *aprisist*, eb. 104, 20 (selten *pursesis*, eb. 73, 2; 138, 12 u. a. m.); *deguerpisis*, Cant. Moys. 12 und *disissent*, eb. 41; *mordrisis*, RClary S. 20 verhält sich zu *ochisist*, eb. S. 62, wie *partesist*, eb. S. 75; *departesissent*, eb. S. 26; *hounesissent*, eb. S. 78 zu *mesist*, eb. S. 35; *presissent*, eb. S. 29; *restablisist*, Grans Cron. de France, ed. Paris 1837 (14. Jahrh.) t. I SS. 66, 111, 201; *pugnisist*, eb. SS. 73, 332; *acomplisissent*, eb. S. 114; *tapisissent*, eb. S. 139; *garnisissent*, eb. S. 171; *orguillisist*, S. 349 fügen sich sehr wohl zu *disist*, eb. S. 82; *occisissent*, eb. SS. 93, 126, 210; *occisist*, eb. S. 215 u. s. w. Auffallen muss diese Gestaltung aber da, wo sie auf Zeitwörter der Konjugation auf *-ir* beschränkt erscheint, während die danebenstehenden Perfecta der Konjugation auf *re* die Abschwächung zu *-es-* aufweisen; so steht *gehisist*, Berte 2209; *traïsis*, eb. 2222 neben *presistes*, eb. 717; *requesist*, eb. 2194 und dem analogischen *nasquesistes*, eb. 711 u. a. m.; *obeisist*, Froiss. Chron. (ed. Luce) I 113, 26; *obeisissent*, eb. I 150, 12 neben *combatesist*, eb. II 41, 14; *perdesist*, eb. II 61, 9; *deffendesist*, eb. II 160, 16. Man wird nicht fehlgehen, wenn man annimmt, dass die Sprache, oder vielleicht nur einzelne Individuen, bei der Schöpfung dieses Dualismus dem leicht verständlichen, nachträglich erwachenden Triebe, der in Rede stehenden Erweiterung in Zeitwörtern auf *-ir* ein möglichst konkret an das Wesen dieser Konjugationsart erinnerndes Aussehen zu geben, gewillfahrt haben.

Noch deutlicher erhellt aus einer anderen Thatsache die diesen analogischen Gebilden innewohnende Neigung, im Verlaufe der Sprachentwicklung andere Wege zu gehen, als diejenigen Formen, die zu ihrer Entstehung den Anstoss gegeben haben. Es muss Wunder nehmen, dass dieselben es verschmäht haben, sich an der zuerst auf normannischem, zuletzt auf pikardischem Gebiete sich ereignenden, durch das Vorbild von *veïsse* herbeigeführten Synkope des intervokalischen *s* in *desist, mesist, presist* u. s. w. auch ihrerseits zu beteiligen. Gewiss begegnet man Fällen wie: *guerpeïst*, BChrest. 104, 36; *guencheïssent*, Mont. Fabl. t. I S. 150; *marreïst*, bei Godefroy t. V S. 177 (: *deïst*); *guereïst* für das im Texte stehende *garessist*, in der Hs. A des Prosaromans von Joseph von Ari-

mathia S. 47, 441, doch nur mit ausserordentlicher Seltenheit.
Wer indess das Nebeneinander von *tapesist*, Rois S. 73; *guaresist*, eb. SS. 161, 362; *saisisist* (*et-feïst*), eb. S. 375 und *deüssent*, eb. S. 192; *meïst*, eb. S. 194; *esleïst*, eb. S. 217; *enqueïsse*, eb. S. 272; *preïst*, eb. S. 276; von *chieresist*, Cleom. 12505; *aferesist*, eb. 302; *repentesist*, eb. 2499; *partesist*, eb. 18340; *preïstes*, eb. 2316; *meïsse*, eb. 2768; *deïsse*, eb. 2767, insbesondere den Reim *esjoiesist* : *deïst*, eb. 12390 und die unmittelbare Folge von *preïssent* und *embelesist*, eb. 3106—7 vergleicht[1]); wer *traïsisse*, Gaydon S. 42 unter stetigen *meïs*, *feïs*, eb. S. 43; *deïst*, eb. S. 109; *preïssent*, eb. S. 224, oder *partesisse*, Enf. Og. 1693; *languissist*, Rose (Méon) 12616; *fremesist*, Villeh. ed. P. Paris S. 39; *garessist*, Prosaroman v. Joseph v. Arimathia S. 47, 441; *garissist*, eb. S. 50, 478 unter regelrecht wiederkehrenden *feïssiez*, Enf. Og. 1694 (also dicht neben *partesisse*); *feïstes*, eb. 1910; *preïsse*, eb. 4299; *deïst*, eb. 6446; *deüssiez*, eb. 5381, 5517, 5935; *seüssies*, eb. 7323[1]); *preïssent*, Villeh. ed. P. Paris SS. 40, 67; *meïssent*, S. 53; *deïssent*, S. 67; *deüsse*, Prosa-Rom. v. Jos. v. Arim. S. 47, 448; *oceïtes*, (sic) eb. S. 62, 587; *oceïmes*, eb. S. 62, 589; *preïssiens*, eb. S. 81, 767; *deïtes*, eb. S. 119, 1181; *deïmes*, eb. S. 79, 745; *meïs*, eb. S. 130, 1292; *meïsmes* (sic) S. 86, 810; *meïssiez*, eb. S. 86, 812 u. s. w., Formen, die in Rose (Méon) auf jeder Seite stehen, antrifft, wird zugeben müssen, dass die in Rede stehenden analogischen Formen mit der Weiterentwicklung ihrer ursprünglichen Vorbilder nicht gleichen Schritt gehalten haben. Zur Erläuterung dieses seltsamen Verhaltens weiss ich nichts, was auch nur mir selbst wahrscheinlich däuchte, beizubringen; ich beschränke mich desshalb darauf, hier noch auf folgende weitere Belege hinzuweisen: *garesis*, GPal. 3138, kurz vorher *preis*, eb. 3135; *guerpesist*, eb. 313; *norresismes*, eb. 9397; daneben *feistes*, eb. 9410; *deis*, eb. 450, 1353; *deistes*, eb. 5113; *meist*, eb. 7641; *asseismes*, eb. 8026; allerdings begegnen auch: *fesist*, eb. 1781; *represist*, eb. 1782; *quesistes*, eb. 8013, 8016; *mesistes*, eb. 8613; *ocesit* (sic), eb. 5974; *partesisse*, Conte d'Amours, Beaumanoir, Oeuv. poët. (Suchier) II 252, 41, 2; *guerpesisse*, eb. 41, 4, neben

---

[1]) Nur gelegentlich stehen im Cleomades *desist*, 1154; *ocesissent*, 919 in Enf. Og. steht einmal *conquesistes*, 1911

meïst, eb. 42, 3; feïst, eb. 15, 5. Ferner: dormesist, Mir. N. D.
XXVI v. 759 neben feisse, eb. vv. 508, 733; garisist, Mir. N. D.
XXVII v. 1649 neben feissent. eb. v. 2109; garisist, Mir. N. D.
XXII v. 733 neben feisse, eb. v. 734(!); preis, eb. v. 1101;
seignourissist[1]), Ph. de Vitry S. 10; seignourisist, obeisist, eb.
S. 12; neben queïst, eb. SS. 18, 63; deïst, eb. S. 55; feïst, eb.
S. 63 (einmal quesisse, eb. S. 63).

[1]) Insbesondere die -iss- aufweisenden Gebilde (s. o. S. 122) dürften, falls ss in der That hier die Darstellung für nichttönendes s sein sollte, für die S. 125 angedeutete Möglichkeit sprechen, dass eine nachträgliche Annäherung des fraglichen Einschiebsels an das Inchoativsuffix stattgefunden habe. Alle Zweifel werden damit natürlich keineswegs beseitigt.

Zusätze und Berichtigungen.

Zu S. 5: *aveulissons, awulissons* in den Hss. EF des Mén. Reims S. 120, 228 gegen *avulons, uveuglons* anderer Hss.

Zu S. 9: *malbaillirai*, Beaumanoir, Salu d'Amours, Oeuvres ed. Suchier II 215, 580.

Zu S. 21, Anm. 2, Zeile 2 lies Zeitworte für Zeitwortes.

Zu S. 22: Der Inf. *nasquir* steht in der Berner Liederhs. Herr. Arch. 42, S. 311 CLXXXV.

Zu S. 23: *souffir* steht auch Prosamanekine S. 343 neben *souffissoit*, S. 275; *soufisse* (3. p.), S. 325.

Zu S. 26: 3. perf. *escondi* im Innern der Zeile auch Manekine 7708 neben *escondissoie*, 5853.

Zu S. 26 Anm. 2: perf. *yssut*, Galien Ms. 1470 S. 348.

Zu S. 27 Anm.: *vescusse*, Prosamanekine S. 329 neben *vesquirent*, S. 363.

Zu S. 28: Auch Beaumanoir erlaubt sich, die beiden Arten des *s* im Reime zu binden; vergl.: *nuise : truise*, Manekine 1313—14; (ebenso *nuise : truise*, Charr. 3393—4; bei Tarbé S. 94: *nuise : truisse*; auch sonst bei Chrestien, s. Förster, Cliges (1884) S. LXXIV; *loise = liceat : connoisse*, Rich. Biaus 2949—50); *noisent : froissent*, eb. 2773—4; *connoissent : envoisent*, eb. 8329—30; *puisse : nuise*, Jeh. Blonde 2353—4; *volsisse, partesisse : mise*, Conte d'Amours 41, 9; s. auch Suchier, Introd. S. CLIII.

Zu S. 29: *maudissoit* dicht neben *disoit*, Prosamanekine S. 283.

Zu S. 35: Part. *reveny : banny* auch Chans. Ilug. liv. II S. 168, 5 (a. 1542).

Zu S. 36: *encourist*, Prosamanekine S. 278; *secourissies*, Galien S. 195, 6.

Zu S. 50, Zeile 17 von unten ist die Klammer hinter 108 zu schliessen und nach „steht" ein Komma zu setzen.

Zu S. 54: *servervient*, Prosamanekine S. 317.

Zu S. 55: *parterunt* (anglon.), Rom. 13 S. 508; *consentera*, Stavelot 351.

Zu S. 61: *saillierent*, Renart, BChrest. 204, 8 Variante; *assaillerent* im Innern der Zeile, Galien 271, 2; *assalharent*, Stavelot 365. Wegen *saillerent* construiert God. VII 286 einen Infinitiv *sailler!*

Zu S. 66: Mit *deudra* ist das Imperfectum *duettoit* zu vergleichen, Prosamanekine S. 300.

Zu S. 76: Nach Koschwitz, Gr. d. Nfr. Schriftspr. S. 32 ist *trouverra* nach *verra* geformt.

Zu S. 81: *vaillable*, nfrz. *valable*, Prosamanekine S. 268.

Zu S. 124: Konjunktive Bildungen wie *pleusist, deusist* u. s. w. dringen zuweilen in die stammbetonten Formen des Ind. perf. ein; so steht *teusit = tacuit* in: *Troix cop[s] fiert sur vng bancq, adonc se teusit on*, Graf, Roma t. I S. 438, 336.

Index.

Die nicht verzeichneten Komposita sind unter dem betreffenden Simplex zu suchen. A = Anmerkung.

S.
Aborder 34 A^1.
absentir 5 A.
achever 8 A, 39.
affaiblir 16, 119 A^2.
affligir, afflire 6 A, 88 A.
aider 8 A.
aimer 89, 93.
aller u. Kompos. 8 A, 62.
amanevir 50, 95.
amender 8 A, 39 A.
aminuir 6 A.
anéantir 87.
apercevoir 121.
appetir 6 A.
apprestré 40.
aprofondir 15.
ardre 7 A, 33 A.
arer 67 A.
arracher 34 A.
arrêter 8 A.
asprir u. Kompos. 5 A, 6 A.
asservir 113.
asseurir 5 A.
assourissant 88 A.
atenuir, atenvrir 6 A, 39.
atteindre 122.
attendre 33 A.
averir 5 A.
aveuglir 5 A, 128.
avoir 13 A.

Baillir 9, 128.
batre u. Komp. 33 A, 34 A, 56, 122, 125.
bénir 10, 22, 25 A, 80, 118, 118 A.
beverage 55.
boire 55, 69, 121.
boivable 69.
boivarde 69.
bouillir u. Komp. 9, 10, 26 A^2, 35, 48, 56, 57, 59, 60, 74, 103, 104.
bouillisseure 104.
bruire 12, 26 A, 102.
bruit 103.

Callescere (lat.) 119 A^1.
ceindre 33 A.
chaloir 81.
changer 75.
chanter 45.
chanvre 39.
chanvrier 39.
chérir 125.
choir u. Kompos. 51, 68, 69 A, 121.
circoncir(e) 23, 88 A, 121 A.
circuir 13, 106.
circuit(e) 14 A^1.
Clarisse 28.
claufir, cloufir 23.
clore 121.
cohir 105.

comburir 6 A.
commander 8 A, 39 A.
complir u. Komp. 116, 125.
compter 45.
concedir 6 A.
conclure u. Komp. 25 A, 64, 121 A.
confire u. Komp. 23, 26, 27, 28.
connaître 25 A, 28, 55 A, 56, 89, 120, 122.
consumir 6 A.
contenter 45.
conticesco, -isco(lat) 91 A.
contribuir 6 A.
contrire (lat.) = conterere 21.
coudreu. Kompos. 26 A^2, 61.
cougir 6 A.
courir u. Kompos. 35, 36, 51, 53, 69, 70, 84, 85, 119 A^2, 123, 128.
coûter 8 A, 40.
couvrir u. Kompos. 3, 9, 10, 18, 19, 36, 37, 50, 72, 73, 83, 85, 116, 117 A, 119.
co(u)vir u. Kompos. 49, 107.
craindre 12 A, 51, 83.
cresco 92 A.

Risop, Studien.

criembor 51.
croire 25 A, 69, 87, 89, 121.
cro(u)pir u. Kompos. 49, 99, 119.
croissir, croistre 53.
croître = crescere u. Kompos. 120.
cueillir u. Kompos. 2, 9, 10, 11, 25 A, 33, 35, 48, 53, 54, 56, 57, 58, 59, 60, 64, 76, 77, 78, 104.
cueillissage, cueillage 104.
cuidier 34 A[1].

Debouillisage 104.
débriser 34 A[1].
défendre 125.
delitisco (lat.) 91 A.
demander 8 A, 39 A.
descendre 122.
détruire 14 A[2], 29.
devoir 66, 87, 89, 124.
dévorer 72.
dîner 34 A[1].
dire u. Kompos. 25, 26, 29, 31, 32, 62, 87 A[2], 121, 125, 126, 128.
diruir 6 A.
discernir 6 A.
disco (lat.) 119 A[1].
discus (lat.) 92 A.
discutir 6 A.
distribuir 6 A.
donner 9 A, 65.
dormisco, -esco und Kompos. 91 A, 92 A, 110.
dormir u. Kompos. 34 A, 38, 39, 50, 76, 110, 127.
douloir 7 A, 51, 62, 66, 128.
douter 8 A.
duire u. Kompos. 14, 28, 33 A, 87 A[1].

Ébahir 89, 97 A.
échanvrer 39.
éclaircir 97 A., 118.
écrire 25 A.
eissir, oissir, ussir, issir u. Kompos. 8, 26 A[2], 33 A, 40, 49, 55 A, 61 A, 81, 93, 106, 128.
elabasco, -isco (lat.) 91 A.
eleques = ileques 73.
élite 17.
embellir 126.
embruïssement 103.
emplir u. Kompos. 3, 16, 17, 50, 75, 83, 116, 119.
encarquier 34 A.
encendir 6 A.
endormement, -issement 110.
engager 34 A[1].
engenuir 22 A.
engloutir u. a. Kompos. 3, 15, 49, 76, 107.
englout(iss)eur 107.
engrossir 5 A.
enhardir 119.
enivrer 72.
enroui 17.
enserir 6 A.
entendre 27 A.
eschiver 8 A.
escondissement 29.
escondisseor 29.
esjoïssement 102.
espencir 32.
esplendir 108.
Estevre 39.
établir 125.
éteindre 122.
étourdir 119.
étrangler 34 A[1].
être 40, 87, 123.
évanouir 21 A.
exclure 25 A.
exercir 6 A.

exhibir 6 A.
exigir 6 A.
extoller 62.

Faillir u. Kompos. 9, 34 A, 48, 56, 57, 59, 60, 78, 79, 93, 104.
faire 25 A, 28, 34 A, 65, 69, 87 A[2], 120, 125, 126, 127.
falloir 80.
férir u. Kompos. 6 A, 9, 26 A[2], 35, 49, 64, 84, 105, 126.
fermer 40.
finir 17, 48, 92 A, 104, 119.
floresco (lat.) 92 A.
florir 28, 86 ff.
florire (lat.) 91 A.
floresco, -isco (lat.) 91 A, 92 A.
fouir u. Kompos. 25 A, 48, 63, 82, 100.
foncor, fouisseur 100.
frapper 34 A[1].
frémir 51, 83, 125.
frem(b)or 51.
frire 88 A.
friscus (lat.) 92 A.
Frise 28.
fruir 6 A.
fuir 11, 26 A, 33 A, 48, 63, 82, 100.
fuite 17.

Garantir 97 A.
garder 8 A.
garnir 125.
gehir s. jehir.
gémir 51, 83, 119.
genuit 21 A[2].
gésir u. Kompos. 28, 49, 52, 93, 120.
grandesco, -isco (lat.) 91 A.
grever 66.

gloutir s. engloutir.
grondir u. Kompos. 14, 49, 56, 109.
guenchir 125.
guérir 24, 47, 49, 85 A, 97 A, 118, 125, 126, 127.
guérite 17.
guerpir u. Kompos. 3, 50, 56 A, 75, 76, 88, 97, 98, 122, 125, 126,

Haïr 34 A, 48, 63, 64, 81, 90, 96, 119.
harditement 17.
hav(r)e 39.

Inspargir 6 A.
interir 105.
irari für irasci (lat.) 21.
issir s. eissir.
Jehir u. Kompos. 98, 118, 125.
jeter 8 A.
jost(r)é 40.
jouir u. Kompos. 48, 63, 82, 85 A, 97 A, 101, 118, 126.
jouissable, joiable 102.
jouissance, joiance 102.
jurer 72.
juise 28.

Labasco,-isco(lat.) 92A.
laidir 16.
landi(t) 25.
languir 122, 126.
lectre 8 A.
lentesco,-isco(lat.) 91A.
lever u. Kompos. 66.
lire u. Kompos. 25 A, 97 A, 120, 126.
livrer 72.
loisir 52, 128.
luire 14 A², 28, 52.

Maleïr 30.
Malpert(r)uis 41.
manifester 40.

manoir u. Kompos. 7 A, 13 A, 26 A, 52.
marbre 39.
marchir 99.
marrir 125.
maudire 29, 30 A², 125, 128.
mener u. Kompos. 8 A, 9 A, 66.
mentir u. Kompos. 24 A, 35, 38, 49, 55, 61 A, 109, 119.
merir 49, 76, 105.
mest(r)ier 40.
mettre 35 A, 55, 56, 97 A, 120, 121, 124, 126, 128.
meute 17.
monter 8 A.
mordrir 124.
mourir 33, 35, 49, 53, 64, 69, 74, 84, 85, 123.
mouvoir u. Kompos. 7 A, 17, 121, 122 A².
muiement, mugissement 102.
muir(e), mugir, 12, 48, 102.

Naître 22, 55 A, 56, 121, 122, 125, 128.
nascor (lat.) 119 A¹.
nier 11 A¹.
nonchaillance 81.
nourrir 50, 83, 84, 85 A, 88, 116, 122, 126.
noyer 11 A¹.
nuire 14 A², 52, 128.

Obéir 30 A¹, 119, 125, 126.
obliger 34 A.
obscurir 5 A.
occire 23, 25 A, 88 A, 125, 126 A.
offrir 9, 19, 36, 38, 50, 72, 83, 85, 92, 93, 115.
oliv(r)e 39.

orgueillir 124.
ouïr 26 A, 38, 48, 62, 64, 74, 82, 93, 101.
ouvrer 7, 19, 72.
ouvreur 19.
ouvrir 3, 7, 9, 19, 36, 38, 50, 57, 64, 72, 83, 85.

Paître u. Kompos. 120.
paraître u. Kompos. 62. 120.
parler 9 A, 40.
paroir u. Kompos. 67, 70, 83, 123.
partir u. Kompos. 38, 39 A, 41, 43, 44, 46, 50, 54, 55, 74, 75, 76, 93, 110, 111, 125, 128.
pécher 34 A.
peiner 66 A.
perdre 54, 125.
perimir 6 A.
périr 105, 118, 122.
pert(r)uis 41.
peser 66 A.
plaindre 122.
plaid 52.
plaire u. Kompos. 28, 52, 83 A, 120, 122, 124, 128.
pleuvoir 66 A, 121.
poindre 62.
porter u. Kompos. 8 A, 44 A¹, 39 A, 41.
posco (lat.) 119 A¹.
pourrir 50, 83, 84, 85 A, 117 A.
pouvoir 52, 66, 97 A, 124.
poverin 55.
prendre 25 A, 35 A, 55, 56, 87, 120, 125, 126.
presumir 6 A.
pretendir 6 A.
preterir 105.
priembre 51.

prier 11 A¹.
proceder 6 A.
prostrare=prosternere (lat.) 21.
puerasco, isco 91 A.
puir u. Kompos. 12, 48, 63, 82.
punir 24, 89, 91, 93, 125.
Quérir u. Kompos. 26 A², 33, 51, 53, 64, 69, 70, 72, 85, 121, 125, 126A.
Raiembre 51.
randir s. rendir.
rassis 97 A.
ravir 47, 118.
raviskir 22.
recevoir 7 A, 25 A, 33 A, 66, 121.
recipir 6 A.
recouvrer 19, 72.
relegion = religion 73.
relenquir 6 A, 97 A.
remplage, -issage 116.
renclu(s) 25 A.
rendir, -re 15, 16, 56, 109.
rendre 54, 87.
rentrer 72.
repairier 72.
repentir 35, 38, 39 A, 45, 50, 54, 75, 76, 93, 109, 126.
répondre 33 A.
rescourre 121.
resistir 6 A.
resplendir 15, 49, 56, 108.
resplendor, -issours 109.
restituir 6 A.
réussite 17.
réveiller 34 A¹.
rire 34 A, 64, 88 A, 121.
rompre u. Kompos. 21, 22, 22 A, 89.

rugissement 102.
ruir(e) 12, 48, 63, 102.
rumpere (lat.) 88.
Saillir u. Kompos. 9, 35, 48, 54, 56, 57, 58, 60, 61, 74, 78, 104, 128.
saisir 126.
savoir 13 A, 24 A, 52, 66, 87, 123.
scisco (lat.) 92 A.
sechir u. Kompos. 5 A.
seignourir 122, 127.
séjourner 40.
semonoir 7 A.
sentir u. Kompos. 35, 38, 50, 55, 61 A, 89, 93, 109, 119, 128.
sentisco u. Komp. (lat.) 109.
seoir u. Kompos. 13 A, 17, 25 A, 28, 51, 62, 68, 69 A, 121, 121 A, 126.
servir u. Kompos. 25 A, 38, 39 A, 50, 54, 93, 128.
servise 28.
sortir 35, 38, 50, 75, 113.
souffrir 9, 19, 36, 38, 50, 72, 83, 85, 92, 93, 115, 117 A, 119.
sougire 23.
souverain 75 A.
splendir 108.
sternir 6 A.
subir 105.
succedir 6 A.
suite 17.
suffire 23.
suivre 51, 83, 87.
Taire 25 A, 28, 52, 62, 83 A, 97 A, 120, 128.
tapir 125, 126.
tardir 5 A.

tâter 40.
tenir 2, 9, 13 A, 26 A², 35, 48, 53, 64, 93.
tenter 45.
tenvre 39.
terdre 25 A.
tistre 120.
toldre 7 A, 26 A, 26 A², 51, 62, 81, 83, 117.
torterelle 55.
tourner 9 A, 40.
toussir 49, 81, 106.
trahir u. Kompos. 33 A, 48, 82, 125.
traire 87, 121.
trancher 34 A¹.
transegir 6 A.
transir 97 A, 105.
tristre, tristrece 40.
trouver 8A, 39A, 66, 75, 128.

Vaillissance 81.
vaillissant 81.
vaillable 128.
vaincre u. Kompos. 22, 25 A, 26 A¹, 27 A.
valoir 81, 122 A¹.
vanter 45.
vendre 92, 93.
venir u. Kompos. 2, 9, 35, 38, 48, 53, 64, 91, 93, 120, 128.
vertir u. Kompos. 25 A, 50, 55, 74, 76, 112, 113.
vêtir u. Kompos. 3, 12 A, 26 A², 33 A, 35, 38, 40, 50, 54, 61 A, 74, 76, 114, 115.
viscus 92 A.
vivre 22, 27 A, 54, 128.
voir u. Kompos. 13 A, 26 A, 27 A, 51, 67, 68, 121.
vouloir 66, 124 A.

Aus dem Verlage von MAX NIEMEYER in Halle.

Appel, C., Zur Entwickelung italienischer Dichtungen Petrarcas. Abdruck des Cod. Vat. Lat. 3196 und Mittheilungen aus den Handschriften Casanat. A. III 31 und Laurenz. Plut. XLI N. 14. 1891. gr. 8. ℳ 6,00

Bibliotheca Normannica. Denkmäler normannischer Literatur und Sprache herausgegeben von Hermann Suchier.
  Theil I. **Reimpredigt**, hrsg. von H. Suchier. 1879. 8. ℳ 4,50
  Theil II. **Der Judenknabe.** 5 griechische, 14 lateinische und 8 französische Texte. Herausgeg. von Eugen Wolter. 1879. 8. ℳ 4,00
  Theil III. **Die Lais der Marie de France.** Herausgeg. von Karl Warnke. Mit vergleich. Anm. von Reinh. Köhler. 1885. 8. ℳ 10,00
  Theil IV. **Eneas.** Herausg. von Salverdo de Grave.
    (Unter der Presse)
  Theil V. **La Clef d'Amors.** Herausgeg. von Auguste Doutrepont. 1890. 8. ℳ 6,00

Bischoff, Fr., Der Conjunctiv bei Chrestien. 1881. gr. 8. ℳ 3,60

Der Münchener Brut, Gottfried von Monmouth in französischen Versen des zwölften Jahrhunderts aus der einzigen Münchener Handschrift zum ersten Mal hrsg. von Konrad Hofmann u. Karl Vollmöller. 1877. 8. ℳ 5,00

Canello, U. A., La vita e le opere del trovatore Arnaldo Daniello. Edizione critica, corredata delle varianti di tutti i manoscritti, d' un' introduzione storico-letteraria e di versione, note, rimario e glossario. 8. 1883. ℳ 9,00

Li Chevaliers as deus espées. Altfranzös. Abenteuerroman zum ersten Mal herausgeg. von W. Förster. 1877. 8. ℳ 15,00

Christian von Troyes sämtliche erhaltene Werke. Nach allen bekannten Handschriften herausgegeben von W. Förster. 8.
  I. Band. **Cligés.** 1884.
    Ausgabe auf Büttenpapier ℳ 15,00; auf Druckpapier ℳ 10,00
  II. „ **Der Löwenritter.** 1887.
    Ausgabe auf Büttenpapier ℳ 15,00, auf Druckpapier ℳ 9,00
  III. „ **Erec und Enide.** 1890.
    Ausgabe auf Büttenpapier ℳ 15,00, auf Druckpapier ℳ 10,00

Cloetta, W., Beiträge zur Litteraturgeschichte des Mittelalters und der Renaissance. I. Komödie und Tragödie im Mittelalter. 1890. 8. ℳ 4,00

Cohn, Georg, Die Suffixwandlungen im Vulgärlatein und im vorlitterarischen Französisch nach ihren Spuren im Neufranzösischen. 1891. 8. ℳ 8,00

Denkmäler der provenzalischen Litteratur, hrsg. von Prof. Dr. H. Suchier. Bd. 1. Mit einer Untersuchung von Paul Rohde: Ueber die Quellen der Romanischen Weltchronik. 1883. gr. 8. ℳ 20,00

Li Dialoge Gregoire lo Pape. Altfranzösische Uebersetzung des XII. Jahrhunderts der Dialoge des Papstes Gregor, mit dem lateinischen Original, einem Anhang: Sermo de Sapientia und Moralium in Job fragmenta, einer grammatischen Einleitung, erklärenden Anmerk. und einem Glossar. Zum ersten Male herausgeg. von W. Förster. Bd. I: Text. 1876. 8. ℳ 10,00

Egbert von Lüttich, Fecunda Ratis. Zum ersten Male herausgegeben, auf ihre Quellen zurückgeführt und erklärt von Ernst Voigt. 1889. 8. ℳ 9,00

Horning, Ad, Zur Geschichte des lateinischen c vor e und i im Romanischen. 1883. 8. ℳ 3,60

Joufrois. Altfranzösisches Rittergedicht zum ersten Male herausgegeben von K. Hofmann und Fr. Muncker. 1880. gr. 8. ℳ 3,60

Knust, Herm., Geschichte der Legenden der heil. Katharina von Alexandrien und der heil. Maria Aegyptiaca nebst unedirten Texten. 1890. 8. ℳ 8,00

Margarethen-Legende, die altlombardische. Kritischer Text nach acht Handschriften mit einleitenden Untersuchungen herausgegeben von Berthold Wiese. 1890. 8. ℳ 4,50

Meister, J. H., Die Flexion im Oxforder Psalter. Grammatikalische Untersuchung. 1877. 8. ℳ 3,60

Meyer, W., Die Schicksale des lateinischen Neutrums im Romanischen. 1883. 8. ℳ 3,60

Napolski, Dr. Max von, Leben und Werke des Trobadors Ponz de Capduoill. 1880. 8. ℳ 4,00

Odin, A., Phonologie des Patois du Canton de Vaud. 1886. 8. ℳ 4,00

— Etude sur le verbe dans le patois de Blonay. 1887. gr. 8. ℳ 1,20

Philippson, E., der Mönch von Montaudon. Ein provenzalischer Troubadour. Sein Leben und seine Gedichte, bearbeitet und erklärt mit Benutzung unedirter Texte aus den Vatican. Handschriften Nr. 3206, 3207, 3208 u. 5232, sowie der estensischen Handschrift in Modena. 1873. kl. 8. ℳ 2,50

Pietsch, Carl, Beiträge' zur Lehre vom altfranz. Relativum. 1888 8. ℳ 1,60

Rambeau, A., Ueber die als echt nachweisbaren Assonanzen des Oxforder Textes der Chanson de Roland. Ein Beitrag zur Kenntniss des altfranzösischen Vocalismus. 1878. 8. ℳ 6,00

Riese, Jul., Recherches sur l'usage syntaxique de Froissart. 1880. 8. ℳ 2,00

Sâ de Miranda, Francisco de, **Poesias.** Edição feita sobre cinco Manuscriptos ineditos e todas as Edições impressas. Acompanhada de um Estudo sobre o Poeta, Variantes, Notas, Glossario e um Retrato por Carolina Michaëlis de Vasconcellos. 1885. 8. ℳ 30,00

Ausgabe auf holländ. Büttenpapier in stilvollem Halbfranzband ℳ 45,00

Schuchardt, H., Ritornell und Terzine. 1875. 4. ℳ 8,00

Stimming, A., Bertran de Born, sein Leben und seine Werke, mit Anmerkungen und Glossar. 1879. gr. 8. ℳ 10,00

— Ueber den Provenzalischen Girart von Rossillon. Ein Beitrag zur Entwickelungsgeschichte der Volksepen. 1888. gr. 8. ℳ 10,00

Der Troubadour Jaufre Rudel, sein Leben und seine Werke. 1888. 8. ℳ 1,60

Suchier, H., Ueber die Matthaeus Paris zugeschriebene Vie de Seint Auban. 1876. 8. ℳ 2,00

Tuim, Jehan de, li Hystore de Julius Cesar. Eine altfranzösische Erzählung in Prosa. Zum ersten Male hrsg. von F. Settegast. 1881. gr. 8. ℳ 9,00

Wirth, L., Die Oster- u. Passionsspiele bis zum XVI. Jahrhundert. Beiträge zur Geschichte des deutschen Dramas. 1889. 8. ℳ 10,00

Zorzi, Der Troubadour, herausgegeben von E. Levy. 1883. gr. 8. ℳ 2,40